INDIC

CW01508205

NICOTINA ANONIMI

IL LIBRO

Prima Edizione

Nicotine Anonymous World Services, Inc.
Dallas, Texas
2019

Prefazione

Preambolo

Nicotina Anonimi (NicA) è un'Associazione di uomini e donne che si aiutano reciprocamente a vivere liberi dalla nicotina. Condividiamo la nostra esperienza di recupero di forza e di speranza l'uno con l'altro in modo da poter vivere liberi da questa potente dipendenza. L'unico requisito per essere membri è il desiderio di smettere di usare nicotina. Non ci sono quote o imposte per essere membri: noi siamo autosufficienti mediante i nostri contributi personali. Nicotina Anonimi non è affiliata a nessuna organizzazione pubblica o privata, movimento politico, ideologia o dottrina religiosa, non prendiamo posizioni su controversie esterne e non appoggiamo nessuna causa. Il nostro scopo primario è di offrire aiuto a coloro che vogliono vivere liberi dalla nicotina.

(Il testo è stato riadattato con il permesso di Alcolisti Anonimi)

Nel 1988, la nostra Associazione (allora si chiamava Fumatori Anonimi) preparò un questionario per i nostri membri. Nel 1992 la prima edizione di questo libro era la pubblicazione delle risposte al suddetto questionario. Fu la nostra prima fatica per descrivere come ci recuperavamo da questa dipendenza e come provavano a continuare ad essere astinenti. Nella seconda edizione furono corretti parecchi errori grammaticali e furono cambiati alcuni riferimenti riguardo al fumare nicotina. Nella terza edizione furono inclusi: la prefazione—*Una Nuova Libertà*—*La storia di Rodger*. Nella quarta edizione è stata revisionata la sezione del questionario che ha unito e messo in ordine tutte le risposte, una descrizione più ampia delle Dodici Tradizioni e la nostra recente Preghiera del Settimo Passo. La quinta edizione include alcune rivisitazioni del testo.

Le Quattro Sezioni:

Prima Parte—"La Nostra Storia": è tratta dalle risposte dei nostri membri alle domande del questionario. Viene descritta la nostra comune e individuale esperienza prima e dopo il raggiungimento dell'astinenza dalla nicotina ed è scritta quasi in forma autobiografica.

Seconda Parte—Questionario e le "Citazioni Citabili": contiene il riepilogo delle citazioni e delle risposte più importanti al questionario.

Terza Parte—"Dodici Passi": descrive il nostro Programma di recupero dalla dipendenza dalla nicotina, come si mantiene la libertà da questa potente droga e come si vive in modo più vantaggioso e felice.

Quarta Parte—"Dodici Tradizioni": è una guida ai principi fondamentali che guidano il nostro lavoro nel portare il messaggio di Nicotina Anonimi ai dipendenti da nicotina che ancora soffrono.

Una Nuova Libertà
La storia di Rodger

Rodger F. è uno dei co-fondatori di Nicotina Anonimi. Questa è la sua storia personale dal recupero dalla dipendenza dalla nicotina e con informazioni storiche dall'inizio di quello che oggi è conosciuto come Nicotina Anonimi.

Mi guardai attorno e realizzai che avevo due sigarette accese dentro il posacenere. La punta accesa della sigaretta cadde sul mio grembo mentre stavo guidando. Avevo il raffreddore e così presi lo sciroppo per calmare la tosse e per lenire la gola abbastanza per poter fumare le sigarette. Se dovevo affrontare un viaggio con un non fumatore, volevo prendere la mia macchina. Ero un dipendente dalla nicotina.

Vivevo per fumare. Ma non volevo ammetterlo a me stesso e a nessun altro. Comunque dalle cinquanta alle ottanta volte al giorno attraversavo il mio solito rituale: prendere dalle tasche del mio zaino il pacchetto di sigarette, tirarne fuori una, infilarla tra le labbra, cercare e accendere un fiammifero e, infine, fare un fottuto tiro alla sigaretta. Volevo sentire il solletico in gola, ma soprattutto volevo sentire sia il senso di sollievo sia la pressione nei polmoni. Sovente avrei voluto inclinare la mia testa all'indietro aspirare ed espirare un profondo e più soddisfacente respiro. Poi, a seconda di quale fondo stessi toccando con la nicotina, avrei voluto iniettare direttamente la sostanza nei miei polmoni per sradicare quella sensazione di privazione fisica o, se avevo appena finito di fumarne una, giochicchiavo tranquillamente con un'altra, o la usavo come *un'ancora di salvezza*. Amavo fumare.

Usavo le sigarette per tenere fuori, lontano da me, tutte le mie emozioni, incluso il nervosismo, la paura, l'amore, lo stress e anche la felicità. Le sigarette erano parte integrante della mia personalità. Erano la mia immagine. Vedevo me stesso come un attore, parlavo con la sigaretta che penzolava all'angolo della mia bocca. Volevo essere come un film noir: di carattere, eccitante, dannato. Stavo lì con la mia sigaretta tra le mani circondato da una nuvola di fumo come nel poster del film Chinatown. Combinava la musica con la sigaretta. Evidenziavo le mie parole con una sigaretta. Concludevo di fare con una sigaretta. Fumare era semplicemente cosa faceva e chi ero.

Quando il telefono squillava, quando dovevo avviare l'automobile, quando la luce non-fumare sull'aereo si accendeva, appena uscivo fuori ne accendevo subito una. I miei amici non dimenticheranno mai che ero un tabagista. Loro sanno, loro ricordano.

Come ero arrivato a questo punto? Quando la dipendenza dalla nicotina aveva distrutto me stesso e la mia personalità?

Probabilmente sono nato dipendente dalla nicotina. Mia madre ha sempre fumato durante il periodo della gravidanza e sono certo che la mia prima dipendenza è stata quando ero nel suo grembo. Probabilmente, non ho memoria di questo. Mi ricordo di un lungo viaggio con le mie due sorelle più grandi sedute nel sedile posteriore e io seduto davanti tra mia madre e mio padre. Nessuno pensava al fumo passivo, di come mia madre riempiva tutta l'automobile con il suo fumo. Teneva i finestrini chiusi per non fare entrare il freddo e così teneva pulita l'aria del Nord Dakota. Mio padre aveva smesso di fumare intorno agli anni '30 e, tranne che per un breve periodo durante la mia infanzia, non ricordo di averlo mai visto fumare.

Mia madre, in ogni caso, era una fumatrice. Ricordo l'odore del fumo sui suoi abiti, sui suoi capelli e ovunque in casa. Lei era giovane e nessuno faceva questioni riguardo al suo fumare. Penso di essere cresciuto credendo che fumare fosse una cosa naturale da fare.

Quando avevo quindici anni, vivevamo vicino ad una famiglia che aveva quattro figli maschi che erano miei amici. Uno di nome Ralph era la pecora nera della famiglia e fu colui che, di nascosto sul retro del cortile, mi introdusse al fumo. Non fu una gran cosa. Ralph lo faceva sembrare come una ribellione, molto di tendenza. All'inizio pensavo che era nauseante, ma presto passò e fu subito sostituita dalla sensazione di sballo, da una lunga e bellissima sensazione di sballo da sigaretta.

In una piccola città dell'Oregon dove io vivevo, c'era un distributore di sigarette fuori dalla stazione di benzina che chiudeva alle ventuno ogni sera. Quando quasi tutti i clienti erano andati via, arrivavo con il mio quarto di dollaro e compravo un pacchetto di sigarette (il costo si riferisce agli anni '60).

Ho fumato durante tutto il periodo scolastico delle superiori. Ho dato prova di avere problemi di dipendenza anche in altre aree usando alcol, droga e sesso. Ero e sono una di quelle persone che, quando una cosa ha un effetto piacevole su di me, ne uso fino ad abusarne e dipenderne. Fino a sette anni fa, sono stato diciotto anni senza bere caffè. Poi, una mattina andai ad un colloquio di lavoro. Ero stanco: ero appena rientrato dalla East Coast. La receptionist mi disse che ci voleva qualche minuto e mi chiese se desiderassi una tazza di caffè. Mi sembrò una buona idea in quel momento, che è sempre il tema ricorrente della mia vita. Avevo la mia tazza di caffè, feci un buon colloquio: anche se ero nervoso, ottenni il lavoro. La caffeina aveva lavorato per me.

Un po' di anni più tardi, in un giorno davvero indaffarato e pieno di appuntamenti e incontri, andai dal dottore verso le 17.00. Mi misurò la pressione, aggrottò la fronte e disse: "Hai la pressione alta. Devo darti un farmaco."

Replicai: "E' impossibile. Ho sempre la pressione bassa! Sono un podista! Non ho mai avuto problemi di pressione."

Il dottore, per niente impressionato, mi disse di ritornare tra trenta giorni per un controllo. Tornai a casa convinto che sarei morto di lì a breve. Ritornai trenta giorni dopo, un mattino presto, ansioso di sentire cattive notizie. L'infermiera entrò e mi misurò la pressione e mi chiese il motivo della visita.

"Pressione alta!"

Mi guardò incuriosita e disse: "Lei ha la pressione bassa."

Arrivò il dottore, perplesso, cominciò a farmi delle domande. Alla fine mi chiese: "L'ultima volta che ci siamo visti, avevi ingerito della caffeina?"

Ci pensai: "Sì, probabilmente almeno cinque espressi, tre tazze di caffè americano e sicuramente una coca cola, perché?"

"E oggi?"

"Stamattina niente."

"Penso che abbiamo individuato il problema."

Sono un dipendente e fumavo in modo compulsivo. Ho fumato a scuola a più non posso. Ho fumato all'università. Davo libero sfogo al mio fumare. Ho iniziato fumando un pacchetto al giorno e poi più di due pacchetti al giorno. Era la fine degli anni sessanta e cominciai ad assumere anfetamine, studiavo e fumavo.

Bevevo e fumavo. Con qualsiasi cosa io fumavo. Fumavo e mettevo da parte i coupons che erano dentro il pacchetto. Scherzando dicevo che li avrei usati per comprare un polmone artificiale. Poco dopo cambiai tipo di sigarette. Quando ero in Europa, fumavo sigarette di tipo europeo—all'inizio con il filtro e poi senza filtro. Tornato negli Stati Uniti, ne trovai un tipo equivalente senza filtro. Ero un fumatore senza-filtro. Sviluppai delle macchie gialle da fumo sulle mie mani e avevo del ristagno di tabacco tra i miei denti. Mi ricordo che annusavo le mie dita in continuazione: odoravano fortemente di tabacco.

Nel 1977, iniziai un percorso spirituale in un altro Programma dei Dodici Passi che continua ancora oggi. Sfortunatamente il mio fumare aumentò. Sovente superavo i quattro pacchetti al giorno. La stanza delle riunioni era sempre piena di fumo e le persone mi dicevano di non preoccuparmi del mio fumare perché c'erano problemi peggiori. Così, fumavo incessantemente. Durante le riunioni ero capace di fumare un intero pacchetto. Se dovevo andare ad un pranzo o ad una cena, fumavo fino all'arrivo del primo piatto e poi ne fumavo un paio velocemente prima che arrivasse il secondo piatto. Le sigarette diventarono un sopporto alla mia esistenza.

Dopo un anno circa di partecipazione a questo programma parlando con un nuovo arrivato che non era un fumatore: cominciai a dirgli che era un bene che non fumasse, quando fui interrotto da spasmi di tosse. Il nuovo arrivato mi guardò come se fossi un pazzo che si stava uccidendo. Ebbi un momento di lucidità e realizzai che ero davvero pazzo, che davvero mi stavo uccidendo e che il mio recupero era ben lontano dall'essere completo.

Ho sempre avuto la tosse sin da quando ero adolescente. Ho ascoltato avvertimenti da parte dei medici per decenni, ancora non riuscivo a smettere. Ogni anno prendevo l'impegno di smettere di fumare prima della fine dell'anno. Ogni anno fallivo.

In quel periodo andai da una consulente matrimoniale con la mia prima moglie. Durante un incontro la terapeuta mi fece una domanda emotivamente forte: feci una pausa e presi una sigaretta dal pacchetto. Allora la consulente mise la sua mano sul mio braccio e disse: "Puoi aspettare di fumare fino a quando non abbiamo finito con questo argomento?"

Replicai: "Forse." In realtà stavo nascondendo quanto mi sentissi arrabbiato. Volevo quella sigaretta. Volevo il sollievo che mi avrebbe dato per un po'. Risposi con calma e poi scusandomi andai in bagno e fumai parecchie sigarette pieno di risentimento nei confronti della terapeuta che era seduta in un'altra stanza pagata fior di dollari al minuto. Di nuovo ci fu un momento di lucidità in cui realizzai che la nicotina veramente alterava le mie emozioni.

Avevo sentito dire che fumare era solo una pessima piccola abitudine e con un po' di buona forza di volontà chiunque poteva smettere. Ma se era solo una piccola abitudine, perché minuto dopo minuto, io ero sempre più ossessionato? Capii che non era solo una piccola abitudine, ma una potente dipendenza.

Un amico della fratellanza che stavo frequentando, Al B., un giorno mi chiamò mentre ero al lavoro. Mi piaceva Al, perché era un fumatore come me. Non avevo bisogno di nascondermi da lui per fumare, perché lui era un forte dipendente come me. Parlammo per po' prima che lui mi dicesse che aveva del materiale sul come smettere di fumare e se volevo andare ad uno di questi incontri con lui. Non so perché, ma risposi di sì e così andammo.

Alla prima riunione, gli organizzatori ci descrissero il loro programma per smettere di fumare e successivamente, sollecitato da Al, mi iscrissi. Dopo sei settimane di lezioni e con parecchie difficoltà, smisi di fumare. Mi diplomai. Cominciai ad andare a correre fino a diventarne ossessionato. Quindi poi, è arrivata la dipendenza dal cibo. Nei mesi successivi io e la mia fidanzata ci trasferimmo in una città lontana nel sud della California dove iniziai un nuovo lavoro. Stavamo passando attraverso diversi cambiamenti e un giorno non ho più retto.

La mia reazione fu di prendere l'auto e guidare fino al piccolo market e comprare un pacchetto di sigarette. Cominciai a fumarne una dietro l'altra. Guidai fino a Los Angeles per incontrare Al per il pranzo. Rimase sorpreso nel vedere che avevo ricominciato a fumare e mi propose di buttare via quello che rimaneva di quel pacchetto di sigarette: lo feci. Compresi che quello di cui avevo bisogno dopo sei mesi che non fumavo è che quando mi trovavo in certe situazioni, non avevo nessuna difesa nei confronti della prima sigaretta. Non vi era nessun pensiero precedente. Salivo in macchina, guidavo, compravo, fumavo.

Tuttavia, il giorno dopo la mia testa si mise a elaborare. Quello che cominciai a chiedermi fu questo: ho sempre fumato tantissimo, ma ora avevo buttato quello che rimaneva del mio pacchetto di sigarette e non avevo più fumato. Forse potevo controllare il mio fumare. Quel giorno ne fumai un paio. Quattro il giorno dopo. Dissi a me stesso che potevo stare fino a sei ore senza fumare. Il mese dopo stavo fumando due pacchetti di sigarette al giorno. Fu di nuovo un'altra lezione tosta. Con la prima sigaretta ero nuovamente adunco. Non era il primo pacchetto, non era nemmeno la prima settimana: era la prima sigaretta che mi portava a fumare, quando io scambiavo il non-fumare per avvalorare la mia dipendenza dalla nicotina.

Anni dopo mi ricordai di una conversazione avuta con un mio amico che aveva smesso di fumare ed era diventato un podista. Ammise che recentemente aveva ricominciato occasionalmente a fumare qualche sigaretta. Dissi: "Oh! Hai ricominciato di nuovo a fumare?" Lui mi contraddisse dicendo che non avevo capito, che lui fumava una sigaretta una volta ogni tanto. Che non era un fumatore. Replicai che, in definitiva, credevo che era di nuovo un fumatore. Si comincia sempre con una prima sigaretta. Mesi più tardi, quando ricominciò a fumare un pacchetto al giorno, fu d'accordo con me.

Dopo la mia scivolata, fumavo pesantemente con un pesantissimo senso di colpa. Un amico, Dan H., mi chiese di aiutarlo a smettere di fumare. Gli lanciai una sigaretta e gli dissi che per me non aveva funzionato. Stephanie S. mi disse di aprire un gruppo di fumatori anonimi. Replicai che forse non aveva notato che avevo ricominciato di nuovo a fumare. Alla fine, Betsy, un'anziana signora, mi chiese se l'associazione per smettere di fumare mi spediva la loro newsletter e che le sarebbe piaciuto vederla. Quando arrivò, detti a lei la lettera. Fu così felice che insistette che entrambi andassimo alla sessione sucessiva. Ero una persona troppo scontenta di me stesso, ma volevo troppo bene a Betsy per disapprovarla. Andammo. Betsy mi obbligò a iscrivermi nuovamente.

Dopo sei settimane avevo di nuovo smesso di fumare. Ma questa volta era diverso. La prima volta fu più facile: ero in luna di miele. Questa volta fu più difficile. Era un incubo: brama e ossessione accoppiati con problemi fisici. Ero catatonico, mi veniva improvvisamente voglia di dormire, specialmente mentre ero al volante della mia automobile e riuscivo a malapena a guidare.

Negli anni ho imparato alcune lezioni riguardo ai miei tentativi di smettere, specialmente con quell'altro programma. Non avevo difese nei confronti della prima sigaretta, la nicotina era astuta, sconcertante, potente. La cosa più importante era che avrei dovuto rinunciare alla prima sigaretta se avessi voluto tenermi la libero dall'ossessione.

Rintracciai Dan e Stephanie e chiesi loro se erano disposti a smettere di fumare. Preparai una miscela di modi per smettere di fumare e un Programma di Dodici Passi. Ci incontravamo una volta alla settimana in un ristorante. Qualche volte c'erano un po' di persone, qualche volta ero l'unico che si presentava. Dopo alcuni mesi ero pieno di gratitudine. Stavo provando la libertà dall'ossessione per le sigarette. Avevo scoperto che Dio poteva fare per me quello che io da solo non potevo fare per me stesso.

Ricominciai a correre. Come fumatore, avevo sempre supposto che corri finché il tuo respiro non se ne va completamente. Presto capii che potevo correre fino a quando non erano i muscoli a dire stop e avere ancora aria nei polmoni. Questo per me fu una enorme fonte di gratitudine, entrare in contatto e apprezzare un corpo del quale avevo abusato per così tanti anni.

Decisi in modo molto significativo, di impegnarmi per dare via tutto questo, aiutando altri fumatori a smettere. Dopo un bel po' di mesi, quattro di noi erano insieme una domenica sera al Venice Beach. Dan, Rob. K ed io avevamo smesso, Stephanie ci stava provando. Decidemmo di aprire un gruppo e chiamarlo Fumatori Anonimi. La settimana nel giugno del 1982, ci incontrammo nel mio appartamento a Santa Monica. Eravamo circa dodici persone. Due settimane dopo Maurice Z. cominciò a frequentare e smise di fumare, diventando così negli anni a seguire una delle persone più importanti per la nostra Associazione. Altre persone arrivarono al nostro gruppo di discussione durante il quale mangiavamo popcorn e bevevamo acqua gasata. Molto presto il mio soggiorno iniziò ad essere troppo piccolo e affittammo una stanza in Roxbury Park in Beverly Hills.

Stavo facendo servizio, fidandomi del mio Potere Superiore e funzionava. Non avevo più usato nicotina dal 17 febbraio 1982.

Gli anni iniziali furono esileranti. Tenevo sempre il telefono acceso a volume alto. Facemmo un sacco di errori. Per prima cosa decidemmo che uno dei Dodici Passi non poteva essere applicato per chi fumava e decidemmo temporaneamente di fare il primo programma de: gli Undici Passi. Maurice, un giornalista, scrisse un articolo per *Reader Digest* che fu pubblicato nel maggio 1985. Arrivarono migliaia di lettere nella casella postale presa in prestito da un amico. Infatti la mole di lettere ricevute obbligò il mio amico a prendere una nuova casella postale. Non avevamo letteratura, così mettevamo una lettera di risposta insieme al formato delle riunioni e alcuni numeri di telefono. Per settimane i membri del gruppo di Roxbury Park si fermavamo anche a riunione finita per rispondere a tutte le lettere. Allineavamo i tavoli e ci disponevamo come in una catena di montaggio per inserire le lettere, piegare le buste per i potenziali.

In una lettera che ricevemmo, David M. diceva di essere un membro di Fumatori Anonimi del gruppo di San Francisco che era nato due anni prima. Scoprimmo anche che Georgie S. insieme a Doug H. aveva di recente aperto gruppi per smettere di fumare per membri di Alcolisti Anonimi in San Fernando Valley. Di recente lei era anche andata a New York dove aveva frequentato gruppi dove membri di AA usavano i Dodici Passi per smettere di fumare. In breve i gruppi di San Fernando diventarono i gruppi di Fumatori Anonimi.

Nel giro di un anno nacquero un centinaio di gruppi.

L'articolo sul giornale, però, creò alcune controversie. Almeno due dei corrispondenti affermavano di avere dei diritti legali. Uno di questi affermava di avere avuto il marchio nazionale di Fumatori Anonimi e un altro gruppo affermava di avere la registrazione in California del marchio commerciale Fumatori Anonimi World Service. Fu David M, che con la sua calma e la sua forte spiritualità parlò con le persone di Fumatori Anonimi World Service e riuscì a risolvere eventuali problemi. I conflitti con il movimento che aveva questo stesso marchio continuò fino alla conferenza di Phoenix nel 1990.

Nel 1986, nel nord della California alcuni membri proposero che la conferenza si svolgesse a Bakersfield, California. Trentacinque persone da nord e da sud della California andarono per festeggiare la nascita di una nuova Associazione. Fecero un seminario. Bill H. di San Francisco chiese se eravamo veramente un Programma dei Dodici Passi. Ci fu un consenso generale: lo eravamo. Attraverso l'uso del nostro Programma, i Dodici Passi, e la fede in un Potere più grande, avevamo superato una dipendenza verso la quale eravamo completamente impotenti. L'anno dopo ci fu una seconda conferenza in Monterey alla quale Maurice Z. fu il nostro primo oratore.

In questi primi anni, il gruppo di San Francisco creò il primo intergruppo e iniziò ad utilizzare una piccola stanza a Drydock: una *club house* dei Dodici Passi gestita da David M. come base operativa. Sulla base delle esperienze dei gruppi del Nord della California, il Sud della California formarono anche loro un Intergruppo con Georgie S. come presidente. Alcuni anni dopo Georgie venne a San Francisco dove venne coinvolta a fare il Programma qui. Lei e David diedero vita alla prima romantica storia di Fumatori Anonimi che li portò a sposarsi.

Cominciai ad avere un gran numero di amici nel gruppo di San Francisco, in modo particolare diventai amico di Bill H. che fondò il notiziario: *Seven Minutes.* Un giorno io e lui stavamo andando a sostenere il gruppo Guerrero Street, e quando stavamo per congedarci, Bill disse che aveva pensato che era il momento di fondare e dare inizio ai World Service Organization (Servizio Mondiali). Dissi a Bill che dare vita ai Servizi Mondiali era una cosa troppo grandiosa. Ma Bill insistette e con l'Intergruppo del Nord della California cominciarono a fare progetti per l'organizzazione dei Servizi Mondiali per la prossima conferenza in programma a San Francisco nel maggio 1988. Questa fu la prima conferenza dei Servizi Mondiali. Fu durante questi tre giorni che si stabilì come strutturare l'Associazione; struttura che continua ad operare ancora oggi! Venni eletto come primo presidente dei Fumatori Anonimi dei Servizi Mondiali e per me fu un grandissimo onore. Julie W fu eletta segretaria e Elizabeth D. fu eletta tesoriera.

L'anno seguente fu molto eccitante per tutti noi. Stavamo realizzando un'organizzazione che serviva da supporto a un sempre maggior numero di partecipanti e ad un crescente numero di gruppi. C'erano politiche, procedure, regole e letteratura da scrivere. C'erano argomenti dolorosi e spinosi da trattare dove alcune persone uscivano dalla riunione molto arrabbiate. Facemmo molti errori, ma poi ci si scusava, cercando di correggersi. Le persone dedicavano ore e ore del proprio tempo al servizio per aiutare l'Associazione a crescere e raggiungere sempre più dipendenti possibile.

Personalmente, ero molto infervorato e avevo il mio ego bello gonfio. Avevo sentito tante persone che erano stati membri fondatori descrivere la stessa sensazione. Per molti anni sono stato presidente dei Servizi Mondiali e presidente di Intergruppo di Los Angeles. Sentivo che dovevo tenere tutti questi incarichi perché il Programma aveva bisogno di me. Rimasi stupito quando alla fine diedi le dimissioni da presidente di Intergruppo e con le elezioni fui prontamente rimpiazzato. Capii che c'era un Potere più Grande che dirigeva e guidava la nostra Associazione, non io o qualcun altro. Siamo tutti utili, ma allo stesso tempo nessuno indispensabile. Proprio quando comincio a pensare che il mio ultimo progetto o lavoro fallirà, se io non potrò essere presente, qualcuno arriva e si fa avanti e porta il progetto ad un livello superiore.

Nel 1990 abbiamo tenuto la nostra prima conferenza fuori dalla California, in Arizona. Nell'anno che precedeva la conferenza Jack C., un membro fondatore del gruppo di Fumatori Anonimi di Orange County, ed io lavorammo parecchio riguardo al *marchio di fabbrica* per provare a risolvere le varie dispute con le persone che possedevano il *marchio di fabbrica* a livello nazionale di Fumatori Anonimi. Jack, che aveva fatto parte dell'ordine dei Marine Corps, come pilota da combattimento, non aveva intenzione di arrendersi e nemmeno io. Arrivammo alla conferenza con diverse opzioni su come continuare la battaglia e lottare per il nome Fumatori Anonimi riguardo alle persone che possedevano il *marchio di fabbrica*. Poi entrambi, mentre discutevamo animatamente in Phoenix su questo tema, realizzammo che dovevamo smettere di lottare contro chiunque e qualunque cosa. Per una ragione legale dovevamo definire esattamente e chiaramente chi eravamo. La nostra coscienza di gruppo trasse la conclusione che avevamo bisogno di cambiare il nostro nome in Nicotina Anonimi. Fu un vero e proprio cambiamento radicale nel modo di pensare mescolato ad un sacco di emozioni perché molte persone erano abituate a usare questo termine. In ogni caso noi eravamo dei dipendenti, dipendenti dalla droga nicotina, non ex fumatori. Noi eravamo "nicotina dipendenti".

Questa consapevolezza fu per me fonte di grande tristezza. Mia madre, che aveva sempre fumato anche durante tutta la mia infanzia, finalmente smise a sessantadue anni. Ero così felice per lei e speravo di essere stato un esempio positivo. Ma purtroppo, qualche anno dopo, i danni causati dal fumo si manifestarono in forma di enfisema che progredì lentamente. Quando portai il mio figlio più piccolo a conoscere sua nonna, lei stava già usando la bombola dell'ossigeno e stava seduta al tavolo della cucina con il suo serbatoio e la maschera. Mio figlio l'aveva incontrata la prima volta quando aveva sei mesi. Nell'ottobre di quello stesso anno contrasse una polmonite. Volai da lei immediatamente. Visse tre giorni. Il dottore disse che con un enfisema e in quelle condizioni non c'erano speranze. Rimasi con lei costantemente per quei giorni. Parlammo e cercai di dare un po' di conforto alle sue pene. Mi disse: "Avrei davvero voluto veder crescere i tuoi ragazzi e vedere gli anni che passavano." Cadde in coma. Il martedì mattina, dopo che avevo dormito nella sua camera tutta la notte, l'infermiera mi disse che non era rimasto più molto tempo. Chiamai le mie sorelle, mio padre e il pastore (donna). Arrivarono tutti. Ci mettemmo in cerchio mano nella mano con mia madre. Mentre stavamo pregando il Padre Nostro, lei spirò. Dio era con lei.

Sul suo certificato di morte venne scritto: polmonite, ma se non avesse avuto l'enfisema si sarebbe salvata. Sua madre è vissuta fino agli inizi degli anni novanta. Sono convinto se non avesse fumato e non avesse assunto nicotina, mia madre avrebbe vissuto abbastanza da vedere i miei figli crescere.

I miei figli Jordan e Matthew sono due grandi benedizioni della mia vita; sono in salute attivi e con un padre sano. Raramente si sono trovati circondati dal fumo delle sigarette e non hanno mai visto il loro padre fumare: questo ha ridotto di molto la possibilità che possano diventare dei fumatori dipendenti dalla nicotina.

Amo questi ragazzi. Amo questo Programma.

Durante questi anni siamo cresciuti parecchio. Molti sono stati delusi che non siamo cresciuti più velocemente. Sembra che solo una parte dei membri che iniziano a frequentare e a recuperarsi continuano a tornare e fare servizio. Molte persone, non tutte, usano il nostro Programma per smettere di fumare e poi spariscono. A volte per alcuni di noi che facciamo servizio è sconfortante. Quello che ho capito e che ha valore per me, è che smettere di fumare non è la risposta. Io ho una dipendenza molto personale. Se lasciassi i miei strumenti, ritornerei alla mia dipendenza. La mia esperienza con il caffè mi ha fatto capire questo. Anche se io penso che non fumerò mai più, che differenza fa? Ho ricevuto così tanto a livello fisico, emotivo e spirituale da questo Programma che mi sembra così naturale che io continui a frequentare andando alle riunioni, fare servizio in modo da poter restituire quello che io ho trovato qui.

Oggi ho rispetto e riguardo per il mio corpo e desidero vivere una vita salutare per tutto il tempo che Dio vorrà. Ho fatto un altro passo avanti nel recupero dalla mia personalità dipendente verso una più compassionevole umanità. Sono stato benedetto con una nuova libertà.

Prima Parte

La nostra Storia

Ogni giorno iniziava allo stesso modo: pieni di ansia, stanchi, senza energia, intontiti, sballati, drogati ... e con un'immediata e irrefrenabile compulsione per la nicotina. Quello che molti di noi tirava giù dal letto era il richiamo della nicotina, eccetto quando a volte avevamo la nostra prima dose ancora prima di poter trovare la forza per alzarci. Dopo aver fatto questa azione avevamo quello che ci serviva per sentirci pronti ad affrontare la giornata.

L'età media in cui iniziava questo insano rituale era circa sedici anni. Da allora fino a quando abbiamo smesso, la nicotina ha influenzato letteralmente ogni minuto della nostra vita. Anche quando dormivamo la droga si insinuava nella nostra circolazione sanguigna, modificando la nostra respirazione, alterando la nostra frequenza cardiaca, rimodellando i nostri sogni, preparandoci per la dose del mattino seguente.

La nicotina era parte di tutte le nostre emozioni. La nicotina c'era senza rispetto per i nostri sentimenti o per i nostri bisogni. Quando provavamo agitazione, paura, rabbia o ansia, la nicotina era con noi. Quando eravamo felici, socializzavamo, o ci rilassavamo con un libro, la nicotina era con noi. Quando bevevamo, guidavamo, scrivevamo, parlavamo al telefono, guardavamo la TV, nella pausa tra le lezioni e dopo mangiato, la nicotina era con noi. A qualsiasi ora del giorno, in qualsiasi luogo, con chiunque eravamo, la droga era con noi, era legata a noi e ci sembrava appropriata e necessaria.

La nicotina era la nostra compagna più vicina e sempre presente. Persino i colori e le forme dei pacchetti o qualsiasi altro modo usassimo per assumerla—sigarette, sigari, pipa, gomma da masticare, tabacco da naso—ci dava sollievo. Affermavamo che la pubblicità non ci poteva ingannare. Nonostante ciò, manipolati dai media e dalla pubblicità, sceglievamo le marche che, secondo la nostra opinione, ci rendeva più sofisticati, più femminili, più virili o più rassomiglianti a qualsiasi celebrità, icona o fantasia a cui ci ispiravamo.

La nicotina era nostra amica, nostra alleata e nostra costante compagna. Il suo potere ci faceva ingranare all'inizio del giorno, ci dava la spinta durante la giornata e ci rendeva in grado di andare avanti ed era presente per rimboccarci le coperte la notte. La nicotina era la nostra compagna nella più grande felicità e nella più profonda tristezza. La nicotina era qualsiasi cosa, a qualsiasi ora ed era totalmente affidabile. Come potevamo non amare la nicotina?

Nonostante tutto era una relazione problematica. Mentre avevamo negato quello che i nostri genitori ci avevano detto, che il fumo avrebbe bloccato la nostra crescita, non eravamo in grado di lottare contro i sintomi fisici che gradualmente iniziarono a colpire tutti noi. L'opinione scientifica arrivò lentamente alla prova inconfutabile che il fumo uccideva, o per attacco cardiaco, cancro, insufficienza respiratoria o per una serie di altre malattie orribili. Lo United States Surgeon General stava distribuendo avvertimenti da qualche decennio. C'era una piccola scritta su ogni pacchetto, su ogni manifesto e su ogni pubblicità delle riviste. Eravamo coscienti degli avvertimenti anche quando chiudevamo gli occhi. Quegli avvertimenti erano profondamente scolpiti nelle nostre menti. Ma il diniego e la dipendenza vincevano mentre passavano i giorni, le settimane, i mesi, gli anni.

Diventare dipendenti dalla nicotina spesso richiedeva un processo di assuefazione. I nostri corpi, essendo più intelligenti di noi si ribellavano. Tossivamo, soffocavamo, ci veniva la nausea e arrivavamo persino a vomitare. Nonostante tutto persistevamo e riuscivamo nell'impresa. Potevamo essere come gli adulti, i genitori, stelle del cinema e altri nostri idoli, o semplicemente sentirci ribelli. Qualsiasi motivazione avessimo, riuscivamo nello scopo, ce la facevamo e così diventavamo dipendenti.

Che il primo incontro con la nicotina fosse avvenuto da soli o con amici, c'era di solito una transizione abbastanza rapida dal punto dove stavamo solo sperimentando, a quando la droga avrebbe vinto la sua battaglia. Le emozioni desiderate si instauravano molto velocemente—qualsiasi esse fossero, "duro," "adulto," "alla moda" "in" "out" "ribelle"—ci estraniammo immediatamente dalla gente comune.

Quando scoprimmo che la nicotina poteva darci quello di cui pensavamo di aver bisogno, non passò molto tempo prima che la

2

droga iniziasse a venirci in aiuto per qualsiasi cosa. Usavamo la nicotina quando eravamo su di morale e quando eravamo giù, o quando volevamo tirare su o giù di morale o quando non sapevamo distinguere tra le due cose.

Imparammo molto velocemente a fumare attraverso questo assurdo meccanismo. Alcuni di noi furono in grado di continuare a praticare sport e attività fisiche più o meno pesanti, almeno per un po', ma per molti questo tipo di attività divenne presto fuori dalla nostra portata.

Spesso, soprattutto negli ultimi anni, ci scontravamo con la disapprovazione altrui del nostro comportamento. Ci venivano mosse implicazioni o accuse di debolezza. Per evitare le critiche, spesso, sceglievamo di avere rapporti solo con altri consumatori di nicotina. Ma non riuscivamo a nasconderci dalla crescente vergogna e dalla segreta paura che una sostanza stava prendendo il controllo delle nostre vite e della nostra mente. Un senso di disperazione iniziò a crescere dentro di noi, più lentamente per qualcuno, più rapidamente per altri, in modo particolare quando vedevamo i nostri tentativi di smettere sempre fallire. Iniziammo a pensare che saremmo stati dipendenti fino al giorno della nostra morte e che non importava quanto fossero state buone le nostre intenzioni, la droga avrebbe brutalmente prevalso su di esse. Con l'aumentare dei nostri fallimenti e delle nostre sconfitte, la nostra autostima diminuiva di conseguenza. Era una spirale che andava sempre più giù e ci stava portando a fondo con essa.

Ripensandoci, fumare o usare nicotina in ogni sua forma era in realtà parte di un'esistenza complessivamente basata sull'inganno. Spesso ebbe inizio con delle bugie ai nostri genitori, un evento abbastanza grave per quasi tutti i giovani. Le bugie si accompagnavano spesso anche al rubare le sigarette dei genitori. Poi venivano le bugie su quante sigarette fumavamo. Le bugie e l'inganno facevano girare la spirale che ci stava portando a fondo ancora più velocemente.

Fornivamo una serie di *ragioni* sul perché avevamo iniziato a fumare. I nostri amici fumavano e volevamo sentirci accettati. Come avremmo potuto essere accettati se non fumavamo o usavamo la nicotina come loro? Avevamo genitori che fumavano e sapevamo fin dall'infanzia che saremmo diventati fumatori anche noi. Oppure: "Ho iniziato a fumare a diciassette anni, così non sarei ingrassato; mia madre diceva che era meglio fumare che essere grasso." Per quelli che iniziavano da giovani, una delle ragioni era il tentativo di sembrare più grandi per assomigliare agli adulti, specialmente negli anni '40, '50 e '60, quando fumare veniva considerato un modo accettabile e alla moda di fare il proprio ingresso nel mondo degli adulti, un comune rito di passaggio. Fumare era parte della *bella vita;* ogni celebrità fumava. Il fumo era anche correlato alla noia, non c'era niente di più costruttivo da fare nella vita!

Dietro a queste *ragioni* si nascondeva però una realtà ben più triste: nessuno di noi ha mai scelto di diventare dipendente da nicotina in modo pienamente consapevole e informato. Le persone intorno a noi—coetanei, genitori, idoli—usavano nicotina e noi imitavamo le loro azioni, o per avere coraggio o per curiosità; li imitavamo come fanno le scimmie per vedere come era fumare.

Qualsiasi cosa scoprissimo all'inizio, volevamo saperne sempre di più. Provavamo una sensazione di maturità, di ribellione, di sofisticatezza, di cattiveria, di essere "in" ("in" un gruppo o "fuori da un gruppo), di essere alla moda. Con una sigaretta in mano non serviva niente altro per sembrare sofisticati, pieni di charme o ribelli. Si verificò una immediata trasformazione; cominciammo a sentirci mondani e pieni di glamour e anche di più, e così potevamo essere accettati o, meglio ancora, ammirati e stimati sia ai nostri occhi, sia a quelli delle persone intorno a noi.

I nostri corpi iniziarono a dipendere dalle sensazioni prodotte dalla droga e nello stesso tempo anche le nostre emozioni iniziarono a provare dipendenza per quella sensazione di "sentirsi meglio con se stessi" che veniva associata all'uso della nicotina. La nicotina iniziava a mascherare e ad alleviare alcune vaghe e opprimenti paure o altri più specifici timori. La nicotina mascherava il timore di relazionarci con gli altri: "Nascondevo la mia paura di fare qualcosa, stando seduto a fumare una sigaretta."

Mentre molti di noi consumarono nicotina per anni senza preoccupazioni, altri iniziarono a sentirsi in colpa per come stavano trattando i propri corpi e i propri portafogli. La nostra consapevolezza degli effetti della nicotina aumentava e vedevamo molte persone intorno a noi smettere. Iniziammo a sentire in modo evidente di valere di meno dei nostri coetanei che erano riusciti a smettere senza sforzi, o al contrario ci illudevamo di essere "migliori" di coloro che avevano smesso perché noi eravamo in grado di continuare a fumare nonostante l'opinione pubblica.

Dalla stessa "abitudine" che ci aveva "aiutato a inserirci nella società" iniziò a scaturire una sensazione crescente di isolamento, che era totalmente inaccettabile. Alcuni di noi ricercavano l'isolamento e usavano la nicotina per diventare o rimanere isolati.

L'uso della nicotina influenzava ogni parte della nostra vita: a livello professionale, a livello atletico, nel nostro tempo libero, socialmente e nella nostra vita sessuale. Eravamo incapaci di lavorare senza nicotina, essendo fermamente convinti che la nicotina fosse di grande aiuto e che era la fonte della nostra creatività. Preferivamo stare seduti a fumare o passeggiavamo senza fare niente di atletico. Incentravamo il nostro tempo libero e la nostra vita sociale sulle attività sedentarie e sul fumo. Il sesso senza le sigarette era inconcepibile.

Le conseguenze fisiche del fumo diventarono ancora più pronunciate e impossibili da negare come la perdita del fiato o della voce o peggio ancora il cancro e persino la perdita delle corde vocali o dei polmoni. Una donna ha scritto: "Penso che il fumo mi abbia causato un aborto al quinto mese di gravidanza e così persi l'unico figlio che mai avrei potuto concepire." Altri problemi erano la circolazione lenta e l'enfisema; e la lista continua. Avere fitte al torace e polmoni dolenti era parte della nostra vita e sapevamo che anche il brutto aspetto e le rughe che avevamo sul viso erano colpa del fumo. Trovavamo vestiti bruciati, mobili bruciati, ma peggiore era la terribile paura di ammalarsi gravemente o morire per colpa del fumo. Fumavamo per nasconderci anche da quella paura. Anche la nostra vita familiare ne soffriva e le circostanze potevano variare, ma leggiamo questa drammatica storia:

"Tre dei miei bambini erano dipendenti dalla nicotina e persi la custodia del più piccolo. Il mio stato emotivo senza speranza, alimentato dalla nicotina, contribuì enormemente. Il bambino era allergico al fumo e aveva avuto quattro attacchi di febbre e convulsioni prima che decidessimo di non fumare più in casa. Il dottore minacciò di accusare me e mio marito di maltrattamento di minore se non avessimo smesso di fumare vicino al nostro bambino."

Dovendo fare i conti con queste esperienze, molti di noi pensarono di smettere o almeno di tenere sotto controllo il fumo. Il primo tentativo era di solito l'ultimo, e tentavamo le seguenti tecniche:

- Comprare un pacchetto alla volta
- Cambiare marca
- Frequentare posti dove fumare era vietato
- Ridurre, e/o contare il numero di sigarette fumate
- Fumare solo a certi orari
- Smettere di lavorare
- Pagare una multa per ogni sigaretta fumata, costruendo i fondi per la stecca successiva

Ci sembrava che ci fossero pochi stimoli per tentare di smettere o almeno così diceva la nostra parte razionale. Gli amici che stavano ancora usando nicotina si sentivano minacciati dal fatto che stavamo smettendo di fumare e non incoraggiavano i nostri sforzi, anche perché pochi di noi provavano seriamente a smettere. Piuttosto c'era un tacito sostegno da parte degli amici e della famiglia che fumavano, che noi confondevamo come un continuo consenso nel promuovere la nostra 'abitudine'. (Se loro non pensano a smettere perché dovrei farlo io?) La nostra parte razionale continuava a pensare anche così: "Tutta la mia famiglia (eccetto mia madre) trova che sia impossibile convivere con me quando provo a smettere di fumare anche solo per poche ore, così mi hanno pregato di non smettere più.

Negare che la nicotina rappresentava un grosso problema alimentava il proseguire della nostra dipendenza. La grande circolazione di letteratura scientifica negli anni '70 e '80 iniziò a distruggere questa negazione. Il concetto che la nicotina era una dipendenza arrivò e non eravamo molto pronti ad accettarlo... Pensavamo che fumare, aspirare, masticare erano solo brutte abitudini. Sebbene il nostro comportamento dimostrasse chiaramente a noi stessi che sono la depravazione e la follia dei veri dipendenti disposti a fare qualsiasi cosa pur di avere la prossima dose: dal frugare nei cestini della spazzatura, al tirare su mozziconi dai posacenere e persino camminare in quartieri malfamati o guidare in mezzo a tempeste gelide in piena notte, ignorando ogni pericolo per noi stessi e potenzialmente anche per gli altri. Non c'era imbarazzo o degrado abbastanza grande da provare quando eravamo alla ricerca della nicotina.

Una persona condivise questa storia:

"Era una di quelle sere piovose e uggiose, una serata perfetta per starsene a casa. Mi ero appena tolta il trucco, messo i bigodini nei capelli, avevo indossato un vestito vecchio e sciupato e un paio di pesanti calze di lana. Finalmente mi ero raggomitolata sul divano a leggere il giornale; ma non riuscivo a concentrarmi. L'unica cosa che mi passava per la testa era che volevo una sigaretta. E sapevo di non averne nemmeno una nascosta per la casa. Cercai di levarmelo dalla mente, ma arrivai al punto che non potevo più sopportarlo.

Non persi nemmeno tempo a rimuovere i bigodini. Presi un impermeabile vecchio e pieno di buchi e misi un paio di buffi stivali da pioggia coi tacchi, erano arancione chiaro, sopra le mie calze spesse. Guidai fino al supermercato del centro commerciale vicino a casa. Per una beffa del destino, vidi qualcuno che conoscevo nel negozio ero troppo imbarazzata per entrare vestita in quel modo.

C'era un bar pochi metri più in là, sembrava bello buio; entrai. Non trovai subito un distributore di sigarette ma c'era un uomo che fumava al bancone. Lo raggiunsi e gli offrii un quarto di dollaro per un paio di sigarette.

Mi diede tre o quattro sigarette ma non volle i soldi. Prima che potessi avere il tempo di ringraziarlo, mi guardò con compassione e mi chiese: 'Stai bene? Posso offrirti qualcosa da mangiare? C'è niente che posso fare?'

Realizzai che sembravo una derelitta, coi bigodini nei capelli, il vestito che sporgeva dall'impermeabile lacerato, gli stivali arancioni sopra le calze di lana … mentre mendicavo sigarette.

Assicurai all'uomo che stavo bene, lo ringraziai per le sigarette e uscii dal bar terrorizzata che mi seguisse e mi vedesse entrare nella mia macchina nuova di zecca. Guidai a casa sapendo di aver toccato il fondo nella mia vita.

Usavamo la nicotina per superare la timidezza in pubblico, per prendere le distanze dalle persone e per isolarci. La nicotina formava una barriera di fumo tra

7

noi e coloro che "temevamo". Molti di noi si sentivano "sofisticati quando usavano la nicotina: chic, aggraziati, mondani, potenti, coraggiosi, sicuri di sé. Una persona descrisse in questo modo come lo faceva sentire la nicotina: "Cool, il tipo di rock-star abbastanza carismatica e sempre al centro dell'attenzione. Misterioso, importante, questo provavo". Ma un'altra persona associa il sentirsi "cool e "positivo con una controparte molto più negativa: "Mi sentivo sicuro, pieno di vergogna, aggraziato, perverso, cool, posato, fuori dal normale, ma, soprattutto, malato". La bassa autostima era una delle nostre caratteristiche principali.

La nicotina mutava le nostre relazioni con gli altri, includendo i non fumatori e chi faceva campagna contro il fumo. Provavamo risentimento per queste persone; ci facevano arrabbiare. Potevamo arrabbiarci anche solo guardando la pubblicità contro il fumo in televisione: ci sentivamo discriminati e i luoghi pubblici smisero di essere sicuri. Una persona scrisse: "A volte stavo mangiando al ristorante e qualcuno si lamentava che il fumo della mia sigaretta li stava disturbando. La mia risposta di solito era brutalmente sgarbata del tipo: 'Cambia tavolo, chi ti vuole qui.'"

Anche le nostre case erano diventate un fronte di guerra dove dovevamo lottare per il nostro consumo di nicotina. "Litigavo col mio ragazzo. Dovetti smettere di fumare a letto. Un'altra persona scrisse: "Mio padre non voleva che io fumassi in macchina perché il fumo rimaneva nel sistema di condizionamento. Certo, ci provavo, ma litigavamo ogni volta che l'ossessione di usare nicotina aveva la meglio su di me. E ancora un altro entrava in conflitto con la moglie: "Mia moglie perse il suo primo marito per il cancro ai polmoni, così non era particolarmente contenta che io fumassi. DOVEVO SMETTERE—punto.

Spesso i nostri tentativi di smettere erano spinti semplicemente dal desiderio di qualcun altro che noi smettessimo di usare la nicotina. Quando smettevamo, eravamo profondamente scettici sulle possibilità che potesse esserci una vita senza la nicotina. Per noi era inconcepibile persino mangiare o fare sesso senza la nicotina.

Eravamo anche ciechi riguardo ai costi finanziari derivati dal consumo di nicotina. Pochi facevano caso ai soldi che mandavano in fumo. "Dopo la mia prima riunione di Nicotina Anonimi mi venne in mente quanto avevo speso—1100$ all'anno e 23000$ da quando ho iniziato vent'anni fa. L'anticipo sulla casa che ho sempre voluto."

Eravamo riluttanti ad ammettere che la nicotina avesse qualcosa a che fare con bronchiti, sinusiti, raffreddori, asma, tosse, cattiva circolazione, tutti disturbi comuni tra di noi. Evitavamo di leggere tutte le notizie di carattere medico che avevano a che fare con l'uso di nicotina. Facevamo buchi nei nostri vestiti, tappeti, mobili, bruciavamo anche i nostri amici e noi stessi. Prendavamo mozziconi brucianti di sigaretta tra le dita o li facevamo cadere sul grembo, a volte persino mentre stavamo guidando. Riguardo a quelli che masticavano il tabacco, sputavamo tabacco su noi stessi, nelle nostre macchine, sui nostri letti e sui nostri cari. Ci capitarono incidenti per colpa del nostro uso di nicotina. Perdevamo giorni di lavoro a causa delle malattie (a volte perdendo anche la paga). Ma sapevamo razionalizzare il tutto molto bene oppure sorvolare a questi inconvenienti: non riuscivamo mai a metterli in quel grande e orribile quadro di insieme. Il demone della nicotina aumentava a poco a poco i suoi danni, senza che noi ce ne accorgessimo.

Nonostante il diniego fosse forte e persistente, cercavamo di smettere. Pagavamo il prezzo di quei tentativi falliti psicologicamente e finanziariamente. "Il mio stato emotivo riguardo al fallimento di smettere di fumare era un sentimento di colpa e impotenza, che andava a enfatizzare l'atteggiamento che ho sempre avuto nei confronti della vita: c'è qualcosa che non va in me, non ce la faccio, sono un fallimento."

Le nostre reazioni all'incapacità di smettere di solito includevano frustrazione, odio per noi stessi e una disperata rassegnazione al fatto che avremmo usato nicotina per sempre. Alcuni di noi avrebbero voluto essere più determinati, piuttosto che continuare a pensare che non ce l'avrebbero mai fatta. Ma prima che potesse succedere, abbiamo continuato ad usare nicotina per giorni, settimane, mesi o addirittura anni.

La nostra vita da dipendenti dalla nicotina si basava sulla negazione. La maggior parte di noi si sentiva infelice e sminuiti da chiunque e da qualsiasi cosa. Cose brutte succedevano a ognuno di noi e la negatività riempiva le nostre teste, interferiva con la

9

nostra vita e ci intralciava. La vergogna per la nostra dipendenza alimentava i nostri sentimenti di sconforto, causando grande confusione e ostilità. Eravamo afflitti dal dubbio, dall'ansia e dal risentimento. Raramente ci sentivamo felici.

Dal momento che ci sentivamo inferiori, molti di noi pensavano che avrebbero trovato la felicità, se le persone e le circostanze *fossero semplicemente* cambiate. Trascorrevamo gran parte del nostro tempo a controllare gli altri o come Don Chisciotte combattevamo contro i mulini a vento. Procrastinavamo continuando a rifugiarci nella nicotina e/o in altre droghe. Qualsiasi soluzione trovassimo, evitavamo sempre di riconoscere il vero colpevole: la nostra dipendenza.

Dietro lo scudo protettivo della nicotina trovavamo una sensazione di sicurezza nel socializzare con gli altri. Quando la società e la legge iniziarono a dare delle regole al nostro comportamento restringendo il numero di posti dove potevamo fumare, diventammo ribelli e sprezzanti, ignoravamo le regole, infrangevamo la legge. L'altra reazione che ebbero molti di noi fu metterci la coda tra le gambe e andare da qualche altra parte a praticare la propria "abitudine," Qualsiasi fosse la nostra reazione, è difficile immaginare come la sempre maggiore regolamentazione riguardo al fumo potesse avere un effetto positivo sull'immagine di noi stessi.

Le persone che tenevano a noi si preoccupavano per le nostre vite, anche se raramente con qualche risultato. Famiglia, amici, amanti, colleghi ci volevano bene e si preoccupavano per la nostra dipendenza dalla nicotina. Si preoccupavano, erano seccati, si lamentavano, cercavano di persuaderci, ci pregavano. Noi … continuavamo a fumare.

Quasi tutti noi avevamo degli effetti collaterali di qualche tipo che andavano dal semplice fiato corto, dita puzzolenti e torace congestionato, a cancro, enfisema, elevata pressione sanguigna e problemi cardiaci. Tutti avevamo qualcosa, per quanto lo negassimo o cercassimo di ignorare i sintomi. Trovavamo dei sistemi di qualche tipo per camuffare l'odore che avevamo addosso e nelle nostre case, macchine e uffici. Pulivamo e sfregavamo.

Usavamo il dentifricio, il collutorio, le mentine, le gomme da masticare, il profumo e persino la colonia. Aprivamo le finestre, compravamo macchine mangiafumo, usavamo i disinfettanti, l'ammoniaca, l'incenso, le candele profumate. Una persona cucinava i muffin.

"Quando mia madre veniva a trovarmi, facevo prendere aria alla casa per ore. Poi sfornavo una teglia di muffin al mirtillo affinché l'odore dei muffin si diffondesse nella casa e le desse un buon odore. Mia mamma non ha mai capito perché mangiassi così tanti muffin.

Ma qualsiasi cosa tentavamo di fare per cancellare la dipendenza da nicotina dalle nostre vite, puzzavamo comunque, e così anche i nostri vestiti, le nostre macchine, le nostre case e i nostri uffici. Inquinavamo anche l'ambiente, quando buttavamo le sigarette o i mozziconi, svuotavamo le pipe, sputavamo tabacco sui marciapiedi, nei giardini, sulla spiaggia o in qualsiasi altro posto. Gettavamo i posacenere delle nostre macchine, pieni di mozziconi, fiammiferi, cenere, nei parcheggi; lasciavamo i nostri rifiuti come una sudicia traccia del nostro passaggio in qualsiasi posto andavamo.

A livello psicologico, la nostra incapacità di sfuggire alle grinfie della nicotina aveva un effetto devastante sulla nostra autostima, sul rispetto per noi stessi e sul nostro amor proprio. Fu un processo lento, ma arrivammo a realizzare che tutto ciò era vero. Impiegammo anche parecchio tempo per riuscire a reagire, anche se sapevamo da anni che avremmo dovuto smettere, ma non credevamo che ciò sarebbe mai potuto succedere.

Nonostante tutto, molti di noi tentarono e c'era una grande varietà di soluzioni a disposizione. Provammo a smettere di colpo con grande nervosismo. Riducevamo le sigarette, cambiavamo marca, passavamo dalle sigarette senza filtro a quelle col filtro e poi alle light. Spendevamo grandi cifre di denaro per programmi di disintossicazione o somme più modeste per quelli finanziati dalla sanità pubblica. Usammo l'agopuntura, l'ipnosi, la rieducazione comportamentale, la meditazione, le gomme alla nicotina. Niente di tutto questo funzionava. A dire il vero, alcuni di noi riuscivano a rimanere senza nicotina per alcuni periodi, con uno o più di questi metodi, e in alcuni casi anche per molti mesi o persino anni. Ma alla fine la droga l'aveva vinta. Di nuovo, sostenuti dalla stampella della nicotina trovavamo nuove ragioni per negare l'evidenza e nuove scuse e, ancora una volta, cedevamo alla compulsione.

Nonostante i nostri migliori tentativi di negarlo ci stavamo uccidendo e lo sapevamo. Non stavamo uccidendo solo i nostri corpi, ma anche il nostro spirito. "Durante gli anni del mio tabagismo mi sono più volte torturato psicologicamente, la definirei quasi una sensazione di dicotomia o schizofrenia. Conoscevamo tutti lo sforzo che richiedeva la disonestà con noi stessi, dicevamo che avremmo presto smesso, ma sapevamo benissimo che stavamo mentendo.

I nostri corpi mostravano evidenti segni della dipendenza, ma il messaggio arrivava distorto, perché la compulsione per la nicotina aveva la meglio sulla ragione. E così andavamo avanti. Gradualmente, iniziò a crescere dentro di noi la sensazione di essere stanchi e stufi e di essere stufi di essere stanchi. "Non ho mai associato il mio sentirmi stanco e stufo col fumo. Sapevo che il mio attacco mattutino era causato direttamente dalle sigarette e che il mio fiato corto alla sera dipendeva dall'aver fumato troppo durante il giorno. Ma non realizzai che ero malato per colpa delle sigarette.

La nostra mente faceva strani giochi riguardo alla nicotina. Questi giochetti avevano lo scopo di perpetuare la negazione e la nostra incapacità di prenderci la responsabilità sulle nostre vite, rifiutando di accettare di essere dipendenti dalla nicotina. Alla fine giungemmo a un punto di disperazione tale, dove non potevamo più sopportare le bugie, l'inganno e l'autodistruzione e arrivammo in Nicotina Anonimi. La nostra prima impressione può essere stata tutt'altro che positiva. Ecco come una persona descrive la sua prima riunione: "Era il più pazzo gruppo di svitati e fanatici religiosi che avessi mai visto riuniti in un posto solo. Pensai tra me e me che erano tutti suonati e non capivo cosa potessero fare per me: e poi mi disturbava molto sentire parlare di Dio. Quando tentai di saperne di più, mi fu detto che non potevo fare domande fino alla fine della riunione. Ci tornai lo stesso. Ero veramente disperato.

Che ci sia piaciuta o no la nostra prima riunione, avevamo trovato la speranza o, quantomeno, eravamo rassegnati al fatto che questa fosse la nostra ultima possibilità di trovarla. C'era un insieme di persone, con vari gradi di successo che si stavano attivamente impegnando per vivere la loro vita liberi dalla nicotina. Il successo non fu immediato per tutti o non durò necessariamente "per sempre". Tornare a usare nicotina per qualcuno fu una parte del processo per andare a toccare un ulteriore "fondo".

"Dopo tre mesi che frequentavo Nicotina Anonimi e che ero libero dalla nicotina, ebbi una ricaduta e fumai per un altro mese. Quel mese fu un vero inferno, andava sempre peggio, un disastro, semplicemente non potevo sprofondare più in basso. Un giorno pensai che stavo perdendo la salute della mia mente e sarebbe stato sempre peggio se non avessi deciso di smettere di usare la nicotina definitivamente".

Toccare il fondo. Arrivare dove "la morte sembra un sollievo". Arrivare al punto di essere disposti a fare qualsiasi cosa pur di non usare più la nicotina. Essere finalmente disposti ad affrontare la realtà dei problemi che stavamo cercando di nascondere dietro ad uno schermo di fumo. Essere pronti per dare inizio al processo di recupero. "Ho realizzato che dovevo aspettare che il miracolo accadesse secondo i tempi di Dio, non i miei".

Comunque siamo arrivati a Nicotina Anonimi e qualsiasi fosse il nostro grado di disperazione, fummo comunque assaliti dalla paura e dai dubbi sul fatto che avremmo potuto anche non riuscire a smettere. Dopo tutti i fallimenti, le false partenze, i buoni propositi, c'era poca speranza. "Speravo veramente tanto di poter smettere e diventare sobrio". La paura di un altro fallimento incombeva minacciosamente perché avevamo fallito così tante volte in passato, che il pensiero che succedesse ancora aleggiava.

"Un giorno alla volta era un concetto totalmente nuovo per noi. Era qualcosa di diverso da qualsiasi altra cosa avessimo provato. Forse senza neanche pensarci o senza che nemmeno ce ne accorgessimo, il concetto di "smettere solo per oggi, riduceva il terrore per la settimana, il mese o l'anno successivo, e per il resto della nostra vita senza la nostra 'amica'."

Un'altra idea nuova era l'impotenza. Questo è il Primo Passo di Nicotina Anonimi: ammettere la nostra mancanza di controllo. Questa ammissione chiede di riconoscere il fatto che noi come individui abbiamo fallito e che la droga ha vinto. E ci chiede anche di ammettere che noi continueremmo a fallire. L'accettazione dell'impotenza ci chiede di riconoscere che l'odio per noi stessi e i fallimenti del passato sono destinati a continuare e a ripetersi, finché alla fine non arriveremo ad ucciderci. Alcuni di noi sapevano già di essere impotenti nei confronti della nicotina la prima volta che arrivarono a Nicotina Anonimi. "Ho dovuto riconoscere l'impotenza per via del controllo totale che la nicotina aveva su di me". Oppure: "Non potevo più ignorare le molte volte che avevo provato a smettere, quindi dovevo proprio essere impotente nei confronti della nicotina. "Solo l'idea di smettere mi faceva contorcere come un ragno su un fornello scottante, così realizzai che era più forte di me. Per altri la consapevolezza arrivò più tardi. "Quel giorno dopo circa sei settimane, avrei ucciso per una sigaretta". E nonostante tutto molti di noi arrivarono a una sorta di compromesso: "Sapevo di essere impotente, ma non diedi nessuna importanza a questo fatto fino a quando non mi ammalai terribilmente ma comunque non fui in grado di smettere.

In qualsiasi modo fossimo arrivati ad accettare l'impotenza, ci ritrovammo a confrontarci con il concetto di Potere Superiore— il "Potere più grande di noi." Per alcuni, in particolare quelli che erano praticanti di una religione o che venivano da un altro Programma dei Dodici Passi non fu difficile, o quantomeno il concetto non era totalmente nuovo. Per altri l'impatto iniziale con l'idea di un Potere Superiore fu un vero scontro. "Potere Superiore? Stai scherzando!". "Non cercare di venire a convertirmi con le tue stupide idee religiose, sono qui per smettere di fumare". Il miracolo è che gli stessi scettici, che inizialmente pensavano che l'idea potesse essere stupida, ora dicono: "Mi inginocchio quasi tutte le mattine per pregare il mio Potere Superiore. Altri di quelli che inizialmente erano scettici scrivono: "La pace e la sanità della mia mente dipendono dalla mia capacità di arrendermi al mio Potere Superiore". "Il Potere Superiore fa sì che la compulsione sparisca e mi protegge dal cedere alla voglia di fumare".

Molti di noi dovettero toccare il fondo, prima di arrivare ad ammettere la propria impotenza e a riconoscere il ruolo che un Potere Superiore avrebbe potuto interpretare per salvarli dalla loro follia piena di droga. Toccare il fondo può essere sostituito da una grande varietà di termini ed espressioni. Tipo: "Disperazione totale "Smettere o morire "Svegliarsi di soprassalto in preda ad uno stato emotivo devastante" "Essere disposti a tutto pur di smettere di usare nicotina Arrivammo ad essere così disperati, così depressi, così persi, così malati che il nostro cervello e il nostro corpo cominciarono finalmente a capire che niente era più importante del riuscire a non fare il prossimo tiro. Imparare a vivere seguendo questa linea guida: "Non fumare qualsiasi cosa succeda!*" (Don't smoke even if your ass falls off! Non fumare anche se è il tuo culo a cadere)* Per alcuni di noi è stato necessario toccare il fondo prima di arrendersi al Recupero e "sentire" di dover fare propria questa idea.

Man mano che frequentiamo sempre più riunioni, scopriamo che i nostri atteggiamenti gradualmente cambiano. A dispetto della sensazione che avevamo, e cioè, quella di non poterci mai liberare dalla nicotina, ora non stiamo più usando la droga. Impariamo ad affidare la nostra volontà e la nostra vita a un Potere più grande di noi. Impariamo l'umiltà e la compassione. La nostra autostima cresce e iniziamo a comprendere, finalmente, la gravità della nostra dipendenza dalla nicotina e come essa ci influenzava spiritualmente e fisicamente. Sperimentiamo il coraggio e la speranza. Impariamo a vivere con fede e tolleranza sia alle riunioni che nella nostra vita quotidiana. Sentiamo il bisogno di essere onesti sia nei nostri confronti sia nei confronti degli altri se vogliamo continuare a rimanere liberi dalla nicotina.

La Preghiera della Serenità ci ricorda che noi non possiamo cambiare la pulsione o la brama per la nicotina. In senso più largo, impariamo a usare la preghiera come uno strumento per affrontare le molte cose su cui non abbiamo controllo nella nostra vita quotidiana. Allo stesso tempo impariamo che cosa invece possiamo cambiare di noi stessi, il nostro atteggiamento, il nostro pensiero, il modo in cui agiamo e reagiamo. Tutto ciò può essere applicato alla nostra dipendenza dalla nicotina e alla vita in generale.

Un Potere Superiore ci guida a fare scelte sane se continuiamo a essere disposti a farci guidare. Per molti di noi, all'inizio, la preoccupazione principale specialmente nel primo anno di recupero è quella di evitare la nicotina. Presto o tardi la compulsione sparisce e allora possiamo dedicarci al nostro recupero spirituale.

La nostra vita è migliorata da quando siamo arrivati in Nicotina Anonimi. Ci sentiamo meglio e abbiamo un aspetto migliore. Però, percepiamo le nostre emozioni con maggiore intensità di quanto riuscivamo a fare prima. A volte questo può portarci a pensare che stiamo peggio, ma quando impariamo a usare gli strumenti di recupero nel quotidiano della nostra vita, troviamo una maggiore serenità e più speranza di quanto mai avremmo immaginato di provare. Consapevoli di questo vediamo quanto siamo migliorati.

Impariamo che le brave persone a volte possono fare cose brutte ma che non dobbiamo prenderci troppo sul serio. Attraverso la resa e l'accettazione della nostra impotenza arriviamo a capire che non dobbiamo più essere schiavi della nicotina, del tabacco o dell'industria della pubblicità. Realizziamo che possiamo fare anche le cose più difficili e che i nostri sentimenti e le nostre paure non sono eterne. Ci prendiamo più cura di noi stessi imparando a vivere un giorno alla volta.

Ora aiutando gli altri ci prendiamo la responsabilità per la nostra pace e la nostra felicità. Abbiamo imparato a credere nei miracoli. Molti di noi non sono ancora pronti per un grosso miracolo *come la divisione delle acque,* ma noi comunque crediamo nei miracoli, perché ne vediamo uno ogni giorno in noi stessi. Il risveglio spirituale personale è unico per ciascuno di noi. C'è una nuova vitalità, una nuova linfa, una sensazione di voler andare avanti con una determinazione che non abbiamo mai avuto prima.

Siamo sempre più convinti che, un giorno alla volta, non useremo più la nicotina. Più rimaniamo attaccati ai membri del nostro gruppo e al Programma e più la possibilità di non usare nicotina aumenta enormemente. A volte ci ritroviamo ad avere voglia di zucchero o altri dolcetti, di cibi salati o grassi, dell'alcol, di altre droghe o del sesso—qualcosa che ci trasporti—e l'intensità della compulsione potrebbe sorprenderci. Molti sentono di più la rabbia di quando usavano la nicotina. In realtà però, ci arrabbiamo tanto quanto prima. La sensazione era attenuata dalla droga. Impariamo a non reagire più troppo velocemente. Impariamo ad affidarci al nostro Potere Superiore attraverso la preghiera o qualche altro mezzo e iniziamo ad accettare che stiamo intraprendendo una nuova avventura. Non abbiamo più paura di perdere il controllo per colpa della rabbia.

Frequentando le riunioni e partecipando a Nicotina Anonimi anche in altri modi, rimaniamo liberi dalla nicotina perché impariamo a condividere con gli altri. Sentiamo che il nostro Potere Superiore sta lavorando dentro di noi. I tanti volti che vediamo alle riunioni ci ricordano che non vogliamo più usare nicotina fino alla prossima riunione. I nuovi arrivati ci ricordano la disperazione che anche noi provavamo fino a poco tempo fa e come ci sentivamo alle nostre prime riunioni. Siamo in grado di dare e ricevere gentilezza e amore in un'atmosfera amichevole e rilassata.

Abbiamo avuto l'opportunità di parlare alle riunioni condividendo la nostra storia, la nostra esperienza di forza e speranza con altri che stanno lottando contro lo stesso problema, abbiamo scoperto cose sorprendenti su noi stessi. La protezione che troviamo alle riunioni ci rende in grado di condividere ciò che abbiamo bisogno di dire senza la paura di essere giudicati.

Grazie alle condivisioni dei membri, grazie all'autoanalisi, grazie all'aiuto di uno sponsor e al Potere Superiore iniziamo a comprendere i Dodici Passi e a muoverci attraverso di essi—uno alla volta seguendo l'ordine. Spesso non ci rendiamo esattamente conto di quando stiamo lavorando su un determinato Passo, o perché lo stiamo facendo, ma capiamo quando lo abbiamo fatto.

L'esperienza ha dimostrato molto chiaramente che il servizio in Nicotina Anonimi è un'importante risorsa per rimanere liberi dalla nicotina. Ci sono vari modi possibili per fare servizio: si può aprire un nuovo gruppo, tenere una riunione, ricoprire dei servizi per un gruppo già esistente, diventare sponsor, fare o ricevere telefonate, organizzare convention, rispondere alla posta. Ogni persona può scegliere di proporsi per un servizio a secondo delle sue capacità per un giorno o per un periodo.

Anche se la scaletta delle riunioni può subire delle variazioni, siamo tutti d'accordo sul bisogno di discutere e condividere alle riunioni. Le riunioni dove si studiano i Passi sono molto utili, specialmente per coloro i quali Nicotina Anonimi è l'unica fratellanza.

Qualsiasi sia la struttura, c'è qualcosa in Nicotina Anonimi che ci spinge a continuare a tornare. C'è accettazione e comprensione da parte delle persone che vivono lo stesso problema della dipendenza dalla nicotina. Alcuni di noi trovano per la prima volta un interesse sincero, amore, sostegno. Ma forse la sorpresa più grande è l'aver ritrovato la speranza. Noi che eravamo assolutamente convinti di non potere smettere di usare la nicotina, quando ascoltiamo altri condividere la loro esperienza di forza e speranza, siamo giunti a credere che questo sia possibile.

Però, il Programma di Nicotina Anonimi fatto da soli non funziona. Molti di noi provano una forte negazione riguardo alla dipendenza da nicotina. Siamo incapaci di ammettere la nostra impotenza nei confronti della droga, o abbiamo difficoltà con il concetto di Potere Superiore, figuriamoci arrenderci a quella "forza". Molti di noi ritengono che sia impossibile rimanere a lungo liberi dalla nicotina, se non si presta grande enfasi ai Dodici Passi. Alcuni di noi si sono accontentati di fare il Primo Passo e poi saltare al Dodicesimo Passo, sottovalutando gli altri Dieci Passi; per poi rendersi conto che la droga li stava riafferrando, soprattutto quando la vita diventa più stressante e complicata. Magari smettiamo di andare alle riunioni e ci dimentichiamo di essere dipendenti. Facciamo il primo tiro di nicotina senza ricordarci che "un tiro non ci basta e che mille non ci basterebbero mai".

Tra i membri si sviluppa un legame speciale dal momento che condividiamo la stessa malattia e lo stesso recupero da essa. In un ambiente che è un sicuro supporto impariamo ad avere fiducia e a correre dei rischi riguardo alla nostra vita. Tocchiamo con mano quanto è vero il detto: non si può conoscere veramente qualcosa finché non la condividi con gli altri. Le relazioni che instauriamo dentro a Nicotina Anonimi si evolvono man mano che procediamo nel nostro recupero. Non siamo più i primi a uscire dalla porta alla fine di una riunione. Iniziamo ad andare a prendere un caffè dopo le riunioni e a parlare regolarmente al telefono con i nostri nuovi venuti e membri più anziani. Condividiamo sempre di più di noi stessi e iniziamo a analizzare le interrelazioni che abbiamo bisogno di sviluppare per considerarci degli individui efficienti. Il nostro isolamento sparisce insieme alla compulsione di usare nicotina.

Il recupero dalla dipendenza dalla nicotina non è un evento isolato, è un metodo per vivere la vita. Inizia quando smettiamo di usare nicotina e ammettiamo di essere impotenti nei confronti della droga, e continua fintanto che non la usiamo e ci ricordiamo la nostra mancanza di potere nei confronti della droga. Ma l'ammissione della nostra impotenza nei confronti della nicotina, non la rende meno astuta e persuasiva. Se fossimo lasciati in balia di noi stessi, il dominio della droga non si allenterebbe mai. La dipendenza dalla nicotina, come la dipendenza da alcol, eroina e altre droghe, è una malattia grave e mortale che rimarrà con noi per il resto della nostra vita.

Spesso rimaniamo sorpresi di quanto sostegno possano darci gli altri quando iniziamo a cercare dei modi per risolvere la nostra dipendenza dalla nicotina. Può capitare di trovare persino aiuto anche da chi continua a usare nicotina. Quando non è il nostro caso, impariamo che gli altri possono fare le loro scelte. Questo ci aiuta a rimanere consapevoli della nostra decisione di smettere di drogarci.

Qualche volta potrà capitare che, stando vicino ad un fumatore, si possa scatenare la voglia di nicotina. Nicotina Anonimi ci aiuta a ricordare quanto la dipendenza possa essere devastante e quanto siamo grati di essere liberi. La voglia passerà, sia che usiamo la nicotina sia che non la usiamo! Aspettare che la compulsione passi, ci porta a costruire una sempre e più crescente sensazione di libertà dalla droga e una maggiore gioia e serenità. Uno dei nostri membri lo riassume così: "Voglio semplicemente dire che da quando ho smesso di usare la nicotina, ho passato molti più giorni sentendomi felice, pieno di gioia e libero di quanto avrei mai creduto possibile".

Probabilmente nessuno può affermare che il percorso senza la nicotina sia privo di cadute e turbamenti, specialmente all'inizio. L'aumento di peso è una complicanza comune. Il cibo sembra alleviare la nostra voglia di avere qualcosa in bocca e ci troviamo a mangiare più snacks, carote, gelati, stuzzicadenti, elefanti, il lavello della cucina e qualsiasi cosa non sia fissato con i chiodi a qualcosa. Una persona afferma di essersi mangiato l'intera *"California del Sud"*.

Mangiare, spesso si accompagna al fatto di fare più esercizio fisico. Gradualmente l'equilibrio si ristabilisce. Quando le persone ci dicono che abbiamo un aspetto migliore, iniziamo a realizzare che ci sentiamo meglio fisicamente, emotivamente e spiritualmente.

Provare una varietà di nuove emozioni può far parte del processo del recupero dalla dipendenza dalla nicotina. Quasi tutti noi, membri di Nicotina Anonimi, scopriamo di provare più sentimenti e di sentirli più profondamente di quando ci drogavamo. Frequentare le riunioni e stare a contatto coi membri del gruppo sono gli strumenti per gestire queste nuove emozioni. Un'altra risorsa è la Preghiera della Serenità. Una persona racconta di usarla spesso per gestire l'emozione della rabbia: "La Preghiera della Serenità è sempre nella mia testa e spesso la uso per lasciare andare la rabbia, per voltare pagina. Spesso mi arrabbio con il mio collega e cerco di controllare il suo comportamento, e fallisco. Nel passato mi sarei acceso una sigaretta e avrei litigato con lui. Ora, la Preghiera della Serenità *(Signore concedimi la Serenità di accettare le cose che non posso cambiare, il Coraggio di cambiare quelle che posso e la Saggezza di conoscere la differenza)* mi permette di esaminare la causa della mia rabbia e di lasciarla andare.

Qualsiasi siano state, o siano, le nostre credenze religiose frequentare Nicotina Anonimi e il lavorare sui Dodici Passi, ci portano a riconoscere l'esistenza di un Potere più grande di noi. Questo Potere può essere Dio, altre persone o *la maniglia della porta.* Il nostro Potere Superiore è qualcuno o qualcosa a cui portare tutte le difficoltà. Una persona racconta di avere scelto il numero cinquantuno come Potere Superiore. L'idea gli venne dal momento che lui associava alla voglia di fumare il numero quarantanove e la voglia di non fumare numero cinquantuno. Quindi ogni volta che gli veniva voglia di fumare, lui lasciava fare ai numeri, e il cinquantuno vinceva perché era più grande. Ora, passato qualche anno, lui ha deciso di allargare il numero cinquantuno a tutte le fonti di energia o idee positive e potenti nella sua vita.

Avere un Potere Superiore a cui affidarci rende più facili quei momenti in cui la vita diventa incontrollabile. Come dipendenti da nicotina, usavamo la droga come modo per affrontare le situazioni. Non usando più la nicotina, abbiamo bisogno di un sostituto e allo stesso tempo facciamo spazio ad una maggiore energia positiva. Come dice una persona: "Affido le cose al mio Potere Superiore perché la mia vita è ingovernabile. Ero abituato a fumare e a sottomettere la mia volontà e la mia vita alle sigarette. Non usando più la nicotina ho fatto spazio: ora mi fido del mio Potere Superiore.

Si può immaginare un Potere Superiore anche come la fiamma di una candela: "Io vedo il mio Potere Superiore come la fiamma di una candela. Nutro questa fiamma con tutte le cose su cui non ho potere: la compulsione per la nicotina, cambiare le altre persone, il mio attaccamento all'ego e così via. Ogni volta che getto qualcosa nella fiamma il fuoco diventa più luminoso e più forte.

Non bisogna essere religiosi o credere in un particolare Dio, per avere un Potere Superiore. Tutto quello che bisogna fare è entrare in sintonia con una forza positiva più grande di noi.

La maggior parte di noi, membri di Nicotina Anonimi, ama il Programma e non farebbe nulla per cambiarlo. Vogliamo fare in modo che continui a crescere e raggiungere quelli che ancora soffrono della dipendenza dalla nicotina. Tutto ha un senso e, probabilmente, Nicotina Anonimi continuerà a far parte delle nostre vite. Frequentare le riunioni ci aiuta a continuare ad essere liberi dall'ossessione per la nicotina e ci dà l'opportunità di aiutare i nuovi arrivati.

Risposte ai nostri problemi e soluzioni ai nostri sconvolgimenti emotivi, possono arrivare frequentando regolarmente le riunioni. "Ogni volta che frequento riaffermo le mie priorità e il mio impegno a vivere una vita libera dalla nicotina. Ho la possibilità di condividere il mio recupero e ascoltare il recupero degli altri. Imparo sempre qualcosa. Le riunioni ci danno amicizia, sostegno, intuizioni, vividi ricordi del triste passato e sono anche quel posto dove posso parlare dei miei folli sentimenti legati al non fumare e trovare serenità e sostegno per stare pulito.

Quelle intense compulsioni che sembrano consumare tutto, spariscono completamente. A volte ci capita di pensare intensamente alla sigaretta, ma compulsione non è più la parola giusta per descriverla. Col passare del tempo, vivere liberi dalla nicotina, cessa di essere una lotta quotidiana, anche se a volte possiamo di nuovo provare una leggera ma assillante tentazione. "Non la vedo più come una lotta, ma a volte ho nostalgia del fumare come di un vecchio amico," Il dipendente in noi ogni tanto tende a risvegliarsi.

Quando rinunciamo alla nicotina sembra che cambino anche altre abitudini, anche cose mondane come indugiare davanti ad un invito a cena. C'è un'indagine che dice che, non usando più nicotina, c'è una riduzione nell'uso della caffeina, dell'alcol e meno depressione. Capita meno spesso di stare svegli fino a tarda notte, si va meno nei locali, si hanno meno contatti con gli amici fumatori, ci si siede meno sul divano a guardare la TV. Un sacco di eccessi sono stati ridotti.

Una vasta gamma di attività vengono usate come sostituti ad esempio: fare esercizio fisico, camminare, allenarsi, coltivare amicizie, andare a scuola, lavorare a maglia, affrontare quelle sensazioni ed emozioni che abbiamo evitato durante tutta la nostra carriera di fumatori.

Un altro effetto che ha il prenderci cura di noi stessi è la sensazione di un aumento della vitalità e una riduzione della stanchezza. Anche se non dobbiamo ignorare il fatto che, specialmente all'inizio, molti di noi riferiscono di essersi sentiti totalmente esausti quando hanno cominciato ad affrontare i primi sintomi dell'astinenza. L'aspetto fisico migliora, la circolazione migliora ("mi ero dimenticato come ci si sente ad avere le mani e i piedi caldi), migliorano il senso del gusto, del tatto e della vista e ci sentiamo addosso un odore migliore.

Siamo decisamente migliorati a livello emotivo perché sentiamo le nostre emozioni in modo molto più intenso senza l'effetto alterante della nicotina. Gli sbalzi d'umore capitano meno spesso e sono meno marcati. Siamo meno irascibili e imprevedibili.

Aumenta il nostro livello di tolleranza nei confronti degli altri e questo porta a una minore frustrazione e rabbia anche verso noi stessi. Sembra che una forte sensazione di benessere sia entrata nelle nostre vite. Quasi tutti riferiscono un aumento di fiducia in se stessi e autostima, sia a livello interiore sia esteriore. Allo stesso tempo sembra esserci però un aumento di vaga testardaggine. Inizialmente quasi tutti provano una perdita di concentrazione, però, in seguito vediamo la nostra capacità di concentrazione ritornare aumentata.

Molti di noi riferiscono anche un miglioramento nella loro vita sessuale. Proviamo più interesse, più piacere, siamo più reattivi, osiamo di più, siamo più sinceri. Una persona dice: "Lo sforzo dell'atto sessuale mi provocava degli attacchi di tosse e di soffocamento. Era doloroso, fastidioso e imbarazzante. Ora posso godermi la componente fisica del fare l'amore, ora che non ho più problemi a respirare," Un'altra persona si chiede: "Perché a questo vantaggio non viene data sufficiente importanza nelle campagne per smettere di fumare? Ma certo, nessuno ci crederebbe mai". Probabilmente no, se consideriamo quanta enfasi viene data al sesso e al piacere nelle campagne di marketing della nicotina.

La vita ci sembra essere più affascinante : "Provo più interesse nei confronti della vita. Non vivo più chiuso 'nel mio guscio' come facevo quando fumavo, e così sono più consapevole di quello che succede attorno a me: luoghi, suoni, persone. Faccio attenzione a vivere nel 'qui ed ora' Sto vivendo un'avventura".

Le relazioni con chi continua a usare nicotina possono cambiare. Quando siamo nei luoghi pubblici, specialmente nei ristoranti, ci allontaniamo dai fumatori e ci andiamo a sedere nella zona per non fumatori, quando prima ci saremmo battuti per stare nell'area fumatori. Ci capita di ritrovarci a passare più tempo con chi si sta recuperando dalla dipendenza dalla nicotina piuttosto che con chi ancora ne soffre. Tuttavia, l'atteggiamento che teniamo nei confronti di chi continua a usare nicotina, non deve comportare una predica da parte nostra. Se mostrano interesse, siamo contenti di menzionare Nicotina Anonimi e la nostra esperienza. Proviamo una varietà di sentimenti quali pena, tristezza e compassione, nei confronti dei fumatori. Potremmo anche provare gratitudine ed essere contenti che non stia capitando a noi. Tuttavia, da dipendenti, potremmo anche essere invidiosi: "Perché loro possono e io no?" Contemporaneamente ringraziamo il cielo e ci rendiamo conto di quanto essi siano auto distruttivi e compulsivi: "Dovrebbero odiarsi per quello che stanno facendo a loro stessi." Ma poi, per fortuna, la grazia di Dio ci fa guardare avanti!

Le sempre crescenti campagne pubbliche contro la nicotina sembrano suscitare in noi sia approvazione sia irritazione. Pareri, come quelli del Surgeon General, rinnovano i nostri propositi. Allo stesso tempo potremmo essere irritati da quanto la maggior parte della protesta contro la nicotina e il tabacco sia superficiale e dimostri di non comprendere il potere della droga e il fenomeno della dipendenza da nicotina.

Nel fare ricerca per questa sezione del libro, abbiamo chiesto: "Raccontaci qualsiasi cosa tu ritieni importante riguardo a come ti senti ora nella tua libertà dalla nicotina." Alcune delle risposte prese a caso che seguono enfatizzano il potere che ha Nicotina Anonimi come mezzo per recuperarci da una delle droghe più potenti disponibili sul mercato:

"Il più grande vantaggio di avere smesso di fumare è quello di non dover pensare, pianificare, torturare me stesso su come o quando dovrei smettere. Ogni giorno degli ultimi cinque anni, mi svegliavo pensando che avrei dovuto smettere prima che diventasse troppo tardi. Ma continuai a posticipare fino a quando non venni a conoscenza di Nicotina Anonimi.

Ho finalmente trovato il successo! E la libertà!"

"Provo una sensazione di libertà ora che non sono più controllato da una sostanza. Le mie azioni non sono più limitate dal bisogno di fare qualcosa che non sia utile e necessario se non per l'appagamento di futili piaceri sensoriali."

"Sono un dipendente dalla nicotina in recupero veramente grato, perché credo che la nicotina sia una droga che altera la mente. La cosa più importante della libertà dalla nicotina è vivere la vita senza il velo che questa portava con sé."

"Ora provo speranza dove prima c'era solo disperazione, e questo mi ha profondamente cambiato. Sono grato a Nicotina Anonimi e a tutti i doni che mi ha portato."

.

"E, ALLA FINE, LA LIBERTÀ"

Seconda Parte

IL QUESTIONARIO & LE "CITAZIONI CITABILI"

Introduzione

Il Questionario & Le "Citazioni Citabili sono un impegno da parte dei membri di condividere con altri l'esperienza, la forza e la speranza del recupero dall'uso di nicotina. E' diviso in tre sezioni: Come Era, Cosa è Successo e Come è Adesso. Le tre sezioni fanno riflettere sull'evoluzione in generale riguardo alla nostra esperienza; abbiamo iniziato a far uso di nicotina, ci sono state delle conseguenze che ci hanno portato a fare dei cambiamenti, abbiamo trovato l'aiuto di cui avevamo bisogno attraverso il recupero del Programma di Nicotina Anonimi, i suoi strumenti, i suoi principi e l'unione tra i membri.

Attraverso la lettura del testo, i nuovi venuti possono trovare risposte che possono aiutarli a identificarsi con i membri che sono entrati prima di loro. Alcuni membri hanno usato il questionario come una parte del proprio lavoro sul Quarto Passo. Inoltre, ci sono domande e risposte attraverso le quali è possibile approfondire ulteriormente lo studio e la conoscenza dei Dodici Passi.

Per quei membri che non possono, per una qualsiasi ragione, partecipare ad una riunione fisica o ad una riunione online o telefonica il "Questionario & Citazioni" potrebbe servire, quando ne hanno bisogno, per collegarsi con altri membri e scoprire che non siamo soli nel nostro percorso di recupero. Si possono leggere le parti del testo in riunione, usandoli come argomento.

Se non avessimo riconosciuto l'importanza e il valore della condivisione, non avremmo potuto smettere, non avremmo smesso e non potremmo rimanere astinenti dall'uso della nicotina: siamo cresciuti con gli altri. Oggi liberi dalla nicotina mettiamo a disposizione il Questionario & "Le Citazioni Citabili" come una parte in più di letteratura, perché possa essere un ulteriore aiuto di recupero per tutti i membri. Di sicuro ti verranno in mente altre domande e argomenti da esplorare, oltre a quelli che vengono proposti.

Indipendentemente da quello che si pensa o da quelle che siano le nostre risposte, tutti sono i benvenuti per condividere la propria esperienza, forza e speranza con gli altri membri. Per favore, manda la tua esperienza di speranza e recupero alla newsletter World Service, *Seven Minutes* o a qualunque altra newsletter di Intergruppo.

"Insieme Possiamo."

I. COME ERA?

1. **Perché hai iniziato a fumare o a masticare tabacco?**

"Ho iniziato all'età di undici anni per sentirmi alla pari dei ragazzini del mio vicinato.

"Per timidezza. Per il nervosismo che mi coglieva in mezzo alla gente.

"Per sembrare più grande e più sofisticato.

"Volevo essere come tutte quelle *stars* televisive o cinematografiche che bevevano e fumavano.

"Per ragioni sociali e per essere un ribelle, ma sin dalla mia prima sigaretta ho amato la sensazione che mi dava la nicotina.

"Tutta la mia famiglia era coinvolta nell'abuso di sostanze, in un modo o nell'altro.

"Masticare tabacco è stata quella che ho scelto.

2. **Hai dovuto imparare a fumare o a masticare tabacco? Descrivi brevemente.**

"Mi ricordo la sensazione di soffocamento e ho fatto pratica. Ricordo, inoltre, di aver dovuto imparare ad aprire correttamente il pacchetto dopo essere stato preso in giro per come lo facevo.

"Un vecchio amico mi insegnò come fare. Facevo pratica per imparare ad inalare. Tossivo molto, ma ero ben determinato nell'apprendere l'arte con eleganza.

"Ho visto mio padre inalare fumo per anni e così ho imparato.

"Sì. Tenevo in bocca il tabacco da masticare fino a che non mi veniva da vomitare. Ogni giorno riuscivo a tenerlo un poco più a lungo.

3. **Pensi che certe compagnie abbiano influito sul tuo consumo di tabacco? Commenta brevemente.**

"Sì, i ragazzi alla moda che fumavano sembrava sapessero destreggiarsi nelle varie situazioni e volevo essere come loro.

"Quando iniziai nel 1958, fumare era alla moda, sofisticato e ti faceva sentire più grande."

"Sì, c'è stata l'influenza delle compagnie. Fumavo per sentirmi uno di loro, per un senso di appartenenza, per sembrare più grande e sofisticato esattamente come loro.

"No, sono stato un solitario.

"Sì, molti ragazzi della squadra masticavano tabacco. Io ero nuovo e volevo inserirmi ed essere uno dei grandi .

"No, volevo semplicemente essere diverso.

4. **Entrambi i tuoi genitori usavano tabacco?**

"Mia madre ha fumato per molti anni e io volevo essere come lei.

"Sapevo che mia madre fumava di nascosto e mio padre fumava sigari. Io non ho mai visto fumare mia madre.

"Mio padre è sempre stato sfacciato riguardo al fumo e mia madre lo odiava per questo.

"Entrambi i miei genitori fumavano tantissimo e qualche volta facevano scattare il rilevatore di fumo.

"Entrambi i miei genitori erano rigorosi riguardo al fumo e io li ho scansati per molto tempo.

5. *Quale effetto ha avuto la pubblicità sulla scelta della marca e sul tuo attaccamento ad essa? Sei stato influenzato dal disegno della confezione o dal suo colore, così come dal contenuto di nicotina o dal gusto?*

"La pubblicità ha avuto un effetto diretto sulla scelta della marca. Quando sono uscite le light , la mia scelta si è indirizzata su queste. Lo stesso è successo per quelle a basso contenuto di nicotina e successivamente con le ultra light che ho fumato fino all ultimo. Anche se ero un dipendente, cercavo di scegliere quelle che ritenevo mi facessero meno male. Adesso ho imparato che in realtà era tutto un imbroglio per fare in modo che si continuasse ad acquistarle.

"Sì, mi sono lasciato affascinare; il marchio faceva parte della mia identità di adolescente. Se cambiavo, era per consumarne di più forti.

"Non mi sembra che la pubblicità abbia influito sulle mie scelte. Sono stato imprigionato dalla prima marca di sigarette che ho fumato sin da ragazzo.

"Amavo tutto riguardo al tabacco che masticavo. Amavo il fatto che si dicesse che era il più forte sul mercato e dunque virile.

"Ho provato più tipi di tabacco fino a che ho trovato quello di mio gusto, un po' dolciastro.

"Ero rapita dall'immagine di quelle donne magre che fumavano e attraevano ragazzi e che, allo stesso tempo, erano indipendenti. Era esattamente ciò che volevo essere.

6. *Fumavi o masticavi tabacco di più quando consumavi alcol?*

"Sì, probabilmente fumavo il doppio.

"Fintanto che ho bevuto, ho continuato a fumare.

7. *Associavi l'uso di tabacco con specifiche attività, ambienti, circostanze, particolari momenti della giornata o persone? Spiega.*

"Ho sempre associato il fumare a conversazioni seriose. Ho sempre fumato mentre bevevo, leggevo e guidavo. Ho fumato nella mia macchina, nel letto, nei bar e nei ristoranti. Fumavo tutto il giorno. Ho sempre avuto amici fumatori sia al lavoro sia fuori.

"La nicotina ha sempre aperto la mia giornata e la faceva andare avanti. Poi, dopo cena, mi aiutava a rilassarmi per conciliare il sonno e rendere più leggera la notte.

"Fumare era un modo per ingerire della droga. Qualunque momento e qualunque luogo erano una buona ragione per fumare.

8. *Hai mai provato una sensazione di estasi fumando o masticando tabacco?*

"Sì, inalavo profondamente per cercare una vibrazione, uno stordimento.

"Assolutamente sì, soprattutto quando era un po' di ore che non ne accendevo una.

"Il mio sballo era sempre il primo tiro dopo i pasti.

"Oh, sì! Il primo tiro del mattino mi metteva il turbo.

9. *Hai mai usato la nicotina quando ti sentivi solo, stanco, affamato, arrabbiato, ferito o felice?*

"Ho sempre fumato di più quando ero stanco e affamato, mentre quando ero arrabbiato fumavo più velocemente, più tenacemente inalando più a fondo.

"Probabilmente fumavo di più quando ero arrabbiato o ferito; mi aiutava a contenere la rabbia. Fumavo anche quando avevo fame, come se fosse un mezzo per farmi mangiare di meno.

"Probabilmente masticavo più tabacco quando ero annoiato o volevo rilassarmi.

"Stanchezza, fame, rabbia, dolore, solitudine, felicità, in quest'ordine.

"Fumavo di più quando ero solo. Era la mia amica. Stanco? Sì, era la pausa che mi ristorava. Affamato? Sì, era una distrazione. Arrabbiato? Sì, mi eccitava e mi faceva infuriare di più. Felice? Sì, fumavo per sentirmi bene.

"Fumavo come se la sigaretta fosse stata una medicina per ridurre lo stress.

"Penso che i miei sentimenti fossero conflittuali. Fumavo mentre lavoravo: da una parte la nicotina sembrava essere un aiuto alla mia creatività, ma dall'altra mi suscitava sensi di colpa perché sapevo di fare un danno alla mia salute.

"Ho masticato tabacco soprattutto in solitudine. In particolare quando mi sentivo ansioso o annoiato.

"Fumare è stata la mia risposta a qualsiasi emozione.

10. **Hai mai fumato o masticato tabacco, quando eri nervoso? Se sì, ti è stato di aiuto e per quanto tempo?**

"Ho sempre fumato quando ero nervoso, mi aiutava. Ma di solito l'effetto durava solo per una quindicina di minuti; dopo dovevo accenderne un'altra.

"Sì, era il mezzo con cui gestivo il nervosismo.

"Sì, ma qualche volta mi faceva diventare ancora più nervoso.

"Con la sigaretta come stampella potevo fingere di non essere ansioso.

"Sicuramente, ma poi quella sensazione di essere in trappola, inevitabilmente, ritornava e mi ritrovavo allo stesso punto senza sapere come affrontarla.

11. **L'uso di nicotina è servito a mascherare la paura o altre emozioni?**

"Il mio fumare ha mascherato la paura della gente e quella di essere rifiutato. Non aveva importanza ciò che dicevano, io dovevo comunque avere la mia sigaretta.

"Sì, la paura di tutto. La paura di provare nuove cose, di stare in mezzo alla gente, di stare da solo, del fallimento, di non essere all'altezza, di non avere risposte, ecc . . ."

"La nicotina è una droga che altera la mente e mi fa prendere le distanze dalle mie paure.

12. **Volevi crearti una cortina di fumo attorno? Se sì, perché?**

"Sì, una cortina di fumo per impedire agli altri di vedere chi realmente fossi. Pensavo che se ne sarebbero andati, una volta visto chi ero in realtà.

"Non ci ho mai pensato fino a che non ho smesso. Ora so che mi stavo nascondendo sempre dagli altri e da me stesso.

"Le sigarette mi tenevano compagnia quando volevo isolarmi o proteggermi dagli altri.

13. **Fumare o masticare tabacco, ti ha reso più sicuro nella vita sociale?**

"Inizialmente sì, ma successivamente hanno sortito l'effetto opposto, ma ne sentivo comunque il bisogno. Avevo bisogno della mia droga per sentirmi a mio agio, ma poi il gesto di fumare davanti a non fumatori mi faceva sentire a disagio.

"Sì all'inizio, ma poi ha solo alimentato la mia insicurezza.

"Ero solito fumare automaticamente in alcune situazioni nelle quali mi sentivo inadeguato.

"All'inizio era qualcosa che mi faceva sentire ok, ma successivamente mi vergognavo con i miei collaboratori.

14. **Ti sentivi più isolato quando usavi tabacco?**

"Sì, mi sentivo isolato, colpevole ed impaurito.

"No, perché uscivo solo con gente che fumava.

15. **Quando fumavi la tua prima sigaretta della giornata o masticavi tabacco?**

"Generalmente appena spento la sveglia.

"Mi alzavo, andavo in bagno, consumavo una tazza di caffè ed accendevo.

"Era la prima cosa che facevo appena sceso dal letto o ancora nel letto.

"Appena trovavo un posto dove potevo sputare.

16. *Poi come ti sentivi?*

"Sollevato.

"Mi trascinavo.

"Come se non riuscissi ad aspettare la seconda e la terza.

"Ancora una volta con un senso di disgusto per me stesso.

"Come se la mia circolazione si riattivasse; potevo iniziare la giornata.

17. *Quanto tempo passava prima di accendere la seconda sigaretta o di fare un altro tiro?*

"Subito dopo; ero incatenato.

"Appena mi versavo una tazza di caffè.

"Forse in macchina, mentre mi dirigevo al lavoro.

18. *Avresti percorso qualsiasi distanza per recuperare del tabacco?*

"Sì, in preda alla follia ho guidato per trenta miglia per una sigaretta. Ho raccolto cicche di sigaretta da terra in campeggio. Ho rubato sigarette. Ne ho accattonate da sconosciuti.

"Se un negozio era aperto, nessuna distanza era troppo lontana e nessuna ora era troppo tardi.

"Mentre lavoravo, cercavo sigarette mezze fumate nel portacenere per non dover uscire a comprare un pacchetto nel cuore della notte. Se non le trovavo e dovevo continuare a lavorare, mi vestivo ed andavo a cercarle, anche alle due del mattino.

"Ho fatto un viaggio di quarantacinque minuti in autobus per trovare il tabacco giusto per la pipa.

"Sì, l'ho fatto. Sono uscito a qualsiasi ora per trovare del tabacco. Quando ero in posti estranei, perdevo anche un'intera giornata, se necessario, per trovare un posto che vendesse la mia marca di tabacco.

19. Hai mai mentito riguardo al tuo consumo di tabacco?

"Ho mentito spesso riguardo al mio fumare. All'inizio ho negato di fumare, successivamente ho negato sulle quantità e alla fine negavo di aver ricominciato.

"Non a parole, ma non fumavo davanti a certe persone o in alcuni gruppi per far credere loro che non fossi un fumatore.

"E' successo soprattutto con una fidanzata e, ogni volta che le dicevo una bugia, mi sentivo come se fossi stata la persona più orribile e senza valore sulla faccia della terra."

20. Hai mai rubato sigarette o tabacco da masticare o soldi per comprare la sostanza?

"Ho iniziato rubando sigarette a mia madre. Poi ho rubato da chiunque avessi potuto e ho anche rubato denaro per poterle comprare."

"Ho rubacchiato dal borsellino di una collega quando lei andava al bagno."

"Ho rubato pacchetti di sigarette dal negozio, facendole uscire nascoste nel guanto da baseball che mi ero portato dietro."

21. Hai mai usato tabacco per evitare certe attività o situazioni in cui eri coinvolto?

"Il mio fumare mi ha evitato (perfino adesso, non fumando) di fare escursioni a piedi, correre e nuotare. Era solito fermarmi, mentre ridevo, perché tossivo sempre, ma adesso posso ridere."

"Mi immaginavo che, se avessi continuato ad uccidere me stesso con le sigarette, avere un programma di attività fisica era inutile e ipocrita."

"Scelsi le sigarette preferendole all'attività fisica, anche se da bambino amavo correre."

"Innumerevoli volte. Non volevo far parte di gruppi di persone che uscivano per andare al cinema, io volevo stare a casa, sedermi e masticare tabacco. Ritagliavo brevi momenti con amici intimi e/o amanti per stare in casa a masticare tabacco."

22. *Fumare o masticare tabacco influenzava le tue prestazioni o le tue scelte: in campo professionale, durante il tempo libero o in campo sessuale? Spiega.*

"Questa potrebbe essere una lunga lista perché aggiungerei le opportunità perse, i 'sarebbe potuto essere' di cui non ho consapevolezza, se non avessi mai fumato."

"Non sono mai stato un tipo atletico, ma, quando provai, il fumo mi aveva danneggiato parecchio. Il fumare fu la mia principale attività nel tempo libero. Ho perso molti amori/fidanzate/eventi per fumare. E fumando mi sono allontanato da tanti amici."

"È difficile essere concentrati quando hai bisogno di nicotina. E questo è specialmente vero quando le persone che hai intorno sono dei non fumatori e tu stai tentando di far finta che va bene così."

"Professionalmente la nicotina è stato il mio grande aiuto, l'ho vista come la benzina che nutriva la mia creatività. Che falsità."

"Mi ricordo in particolare di un colloquio di lavoro, dove avrei potuto avere un buon avanzamento, professionalmente parlando. Ma io segnai 'non-fumatore' e capii che non avrei mai potuto lavorare lì."

"La nicotina mi ha frenato molto sessualmente. Chi voleva avere un rapporto intimo con uno che aveva un 'bozzolo' nella guancia?"

"Il mio dottore disse che il fumo avrebbe contribuito a farmi diventare impotente."

"Non potevo vedermi accanto a un non fumatore e mi immaginavo che il sentimento fosse reciproco. Era imbarazzante anche quando il mio compagno non fumava la mia stessa marca."

23. *Ti è mai stato detto da un dottore o durante un ricovero di non fumare e tu te ne sei inventate di ogni, per ottenere una sigaretta?*

"Sì, quando ebbi l'infarto, dovetti ricorrere a cercare mozziconi nei posacenere all'entrata dell'ospedale e poi a perlustrare la zona in cerca di un pacchetto di fiammiferi."

"Quando ero incinta, il dottore mi disse che dovevo smettere di fumare, ma io proprio non riuscii a smettere. Mi dovevo nascondere da mio marito per fumare."

24. *Ti sei mai sentito un fumatore "serio" che, mentre gli altri possono smettere, tu invece ne vuoi usare fino a morire?*

"Ho sempre pensato che potevo smettere quando volevo, ma iniziai a chiedermi se quel giorno sarebbe mai arrivato."

"Sì, dopo aver provato tante volte a smettere e dopo aver sentito chi aveva smesso, mi resi conto che c'era qualcosa di sbagliato in me."

"Io ero un fumatore 'serio' e mi sentivo vincolato al fumare fino alla morte; che tristezza."

25. *Elenca alcune parole che descrivono come vedevi te stesso quando fumavi o masticavi tabacco.*

"Imbarazzata, sola, sporca."

"Forte. Indipendente. Maschio. Unico. Creativo."

"Quando fumavo, mi vedevo cool, disinvolto, indifferente, avevo il controllo, maschio, professionale, adulto, ma anche romantico, impegnato, prezioso. Quando ebbi una ricaduta, dopo che avevo smesso, mi vidi come: debole, inutile, vergognoso, incapace, disperato."

"Garbato. Tenace. Serio. Sincero."

"Macho. Cool. Elegante. Raffinato."

"Compulsivo. Colpevole. Impotente. In conflitto. Arrabbiato con me stesso. Preoccupato delle conseguenze."

"Auto-distruttivo, un fallimento, debole, stupido."

"Disgustoso, debole, schiavo della compulsione."

"In grado di tenere tutto sotto controllo, meditativo, un professionista della pipa."

"Ansioso, intenso, drogato, solitario, ribelle, troppo debole per smettere."

26. Ti ha mai dato fastidio essere visto usare tabacco o sapere che la gente potesse sentire l'odore del tabacco addosso a te?

"Ero sempre più imbarazzato dall'essere un fumatore. Non sapevo, fino a che ho smesso, che chiunque poteva sentire l'odore del mio fumare."

"Veramente no. Non mi interessava cosa pensassero gli altri."

"Io dovevo stare fuori dal mio stesso negozio e da solo per poter fumare, e questo era così umiliante."

27. Come hai cercato di eliminare l'odore di fumo da te stesso e dalla tua casa?

"Usavo profumi spray nei capelli e spray traspiranti. Aprivo le finestre e spruzzavo deodoranti per ambienti."

"Usavo spray profumati, aprivo le finestre, accendevo incensi ma puzzava comunque."

"Non mi dava fastidio. Il luogo semplicemente puzzava di fumo."

"Aprivo le finestre, lavavo e sfregavo molto."

28. Hai mai pensato a te stesso come un essere "inferiore" perché non potevi smettere di usare la nicotina?

"Sì, moltissimo. Penso che sia stato quel sentimento che mi spinse a liberarmi della nicotina e il motivo per cui decisi di smettere."

"Ho sempre pensato di me stesso: 'Sono inferiore agli altri' perché fumavo. Avrei potuto smettere e l'ho fatto per cinquanta sessanta volte, ma ho sempre ricominciato a fumare e, siccome ero anche cagionevole di salute, ero doppiamente 'inferiore agli altri.'

"Quando ero giovane, pensavo che il fumo mi rendesse 'superiore agli altri'; quando l'età e la realtà hanno iniziato a bussare alla mia porta, mi sono sentito un idiota."

29. **Mentre fumavi, potevi immaginare la vita e le tue abituali attività senza nicotina?**

"Fare una telefonata era impensabile senza prendere prima una sigaretta, l'accendino, il posacenere e posizionarli vicino al telefono. Dopo di che, potevo accendere ... e comporre il numero."

"No. La vita e le normali attività erano inconcepibili senza la nicotina. Eravamo io e il mio tabacco contro il mondo per vivere la giornata."

"NO! Una ragione per mangiare era una semplice ragione per poi poter fumare."

"Potevo solo immaginarlo nei miei sogni ad occhi aperti, fino a che la brama poi mi risvegliava."

30. **Ti sei mai visto come un dipendente da nicotina mentre facevi uso di tabacco?**

"No, io pensavo solo di essere un cattivo soggetto."

"Sapevo di essere schiavo, ma non fino a quando ho usato le gomme alla nicotina che mi hanno fatto capire che ero un dipendente."

"Fino a quando non ho festeggiato due anni di sobrietà in un'altra fratellanza e fino a quando non ho smesso di fumare e sono entrato in Nicotina Anonimi, non ho mai collegato il fumare all'essere dipendente, o comunque non in questi termini."

"Ho solo sempre ironizzato sul fatto di essere un 'demonio della nicotina' come se questo mi facesse pensare di essere cool."

31. Questo tuo comportamento irrazionale ti ha creato problemi?

"Non ho mai considerato il mio comportamento come irrazionale, sebbene sapessi che le sigarette erano qualcosa di sbagliato. Io non ero 'irrazionale', fumare era solo qualcosa che facevo."

"Non ho mai definito così la questione. La vedevo come una cattiva abitudine, ma era una cosa tipo 'un giorno smetterò'."

"La maggior parte delle volte tenevo a freno questo pensiero, fino a quando sono arrivata a Nicotina Anonimi. NicA ha distrutto il mio fumare."

"Sì, ho avuto problemi a causa del mio comportamento irrazionale. Il fumo uccide. Io non volevo uccidere me stesso, ma ero e sono un dipendente."

"Sicuro, ma ero solito trovare delle scuse dicendo che era 'la medicina' alla 'malattia' che stavo vivendo."

"Sì. Ma non lo capivo o non volevo capire."

32. Ti sentivi in colpa perché fumavi o masticavi tabacco?

"Spesso mi sono sentito in colpa per il fatto di continuare a fumare, soprattutto dopo che sono ricaduto la prima volta che avevo smesso. Proprio dopo ciò, ogni sigaretta veniva fumata con senso di colpa. Prima della ricaduta, pensavo che fumare fosse una cosa buona e mi meravigliavo che alcune persone protestassero."

"Sì, specialmente quando mia figlia disse che era dispiaciuta e che sarei potuta morire."

"La gente, qualche volta, protestava per il mio fumare. Li odiavo ma sapevo che avevano ragione, anche se non l'ho mai ammesso, ma dentro di me, mi sentivo in colpa."

33. Ti sentivi attraente perché fumavi o masticavi tabacco?

"Inizialmente mi sentivo 'cool' perché fumavo, ma poi ho capito che era sciocco da vedere e non era attraente."

"Gli ultimi anni che ho passato fumando, non mi sembrava più come una cosa così raffinata da continuare a fare. Non volevo più essere quel tipo di persona."

"Mi sentivo e non ero attraente con quelle rughe attorno alla bocca e i miei figli mi dicevano che avevo un cattivo odore."

"Solo quando masticavo tabacco vicino a delle donne, ma poi lo facevo comunque e ovunque."

34. Hai rovinato vestiti, biancheria, mobili bruciandoli o con la cenere?

"Ho bruciato di tutto, sedili della macchina, abiti, biancheria, tappeti, mobili, cose di altre persone, persone stesse.

"Il mio nome era: niente è al sicuro. Uno dei peggiori era: bruciatura. Avevo lasciato una sigaretta appoggiata sul pianoforte molto costoso del mio vicino e non fu più possibile ripararlo."

"Avrei voluto di tanto in tanto riuscire a versare il tabacco che masticavo nella sputacchiera e non su me stesso o su cose importanti come tesi, libri, tappeti, sedili dell'auto e anche sulle persone. Fino a quanto ho continuato a farlo non mi rendevo conto del disgusto che si poteva provocare nel ripulire."

35. Hai iniziato a sentirti uno che inquinava? Buttare mozziconi o sputare tabacco cominciava a infastidirti?

"Non mi sono mai sentito come uno che inquinava, buttare mozziconi di sigarette non mi preoccupava più di tanto, erano così piccoli. Solo adesso capisco che non era così. Non solo inquinavo l'aria che respiravano le altre persone, ma i miei mozziconi inquinavano il mondo con la possibilità di un inizio di incendio."

"Sputare era davvero di cattivo gusto, mi dava fastidio e allora sovente lo ingoiavo."

36. Eri preoccupato per quanto ti costava usare tabacco? Hai mai pensato quanti euro ($) spendevi per comprare le sigarette?

"Il costo del fumare non mi ha mai preoccupato fino a quando per la prima volta smisi di fumare, ma poi ebbi una ricaduta. Ma fino ad allora, le sigarette erano una priorità assoluta rispetto al denaro speso."

"Non avevo mai realmente pensato a quanto costasse fumare. Immaginavo, vagamente, che fosse parecchio. Dopo la mia prima riunione in Nicotina Anonimi l'ho capito: 1.100 $ all'anno e 23.00$ da quando ho iniziato fumare. L'anticipo della casa che avrei sempre voluto avere."

"Ero infastidito riguardo alla 'tassa sul lusso', ma fumare era un 'lusso' e a me piaceva."

"Non ci pensavo al di là di ogni singolo acquisto e per niente riguardo al costo annuale di una vita intera."

"Mai. La dipendenza è un lusso a scapito di tutto il resto."

37. Hai avuto problemi di salute legati al fatto che usavi tabacco?

"Avevo sempre il fiatone e la lingua ruvida."

"La nicotina ha danneggiato la mia circolazione periferica."

"L'enfisema polmonare mi ha portato a dover usare la bombola dell'ossigeno."

"Avevo bisogno di un trapianto di reni, ma il dottore non volle operarmi fino a quando non avessi smesso di fumare. Ho lottato tanto e lo staff ospedaliero che mi ha aiutato a smettere faceva del terrorismo incutendo paura ogni giorno. E' stato un incubo."

"Denti danneggiati e malattie gengivali, il mio dentista mi pregò di smettere di masticare tabacco. Mi costò una fortuna curarli."

"Due parole che non avrei voluto mai sentire: cancro ai polmoni."

"Non lo avevo realizzato fino a quando non ho smesso di fumare, avevo parecchie allergie e sovente mal di testa, che cessarono quando smisi di fumare."

"Difficile riprendere fiato anche solo dopo uno sforzo leggero, non smettevo di tossire."

"Rughe, voce roca, dita e unghie ingiallite nonostante uno smalto carino."

"Fitte al petto, difficoltà circolatoria, dolori alle mani, e alle braccia. Le gambe sembravano   addormentate, mal di testa e piaghe in bocca."

"Sputavo di continuo catarro e a volte anche sangue. Ero senza forze, sempre nervoso."

"Ogni tanto avevo attacchi di asma; questo era un vero e proprio esempio di follia."

38. *Oltre alla salute, quale era la peggiore conseguenza nell'usare nicotina?*

"Ho vissuto senza consapevolezza per vent'anni. Non ho conosciuto il mio potenziale fino a circa metà della mia vita."

"Vivevo costantemente nella paura. La prospettiva era un cancro o un attacco di cuore."

"Che i miei figli seguissero il mio esempio. Un rimpianto a cui non avrei mai potuto porre rimedio."

"Non mi sono mai sentita all'altezza, sempre inferiore, sentivo che non avrei mai fatto le cose che volevo fare. Soprattutto nello scrivere e nel fatto di meritare di trovare un compagno."

"La nicotina aveva ucciso la mia anima. Mi aveva portato via la gioia di vivere; ero senza entusiasmo, impigrito, appesantito. Mi limitava anche sessualmente."

39. *Ti sentivi a disagio stare in compagnia di persone che non fumavano?*

"Ho sempre fatto finta di non avere problemi a stare in compagnia di persone che non fumavano, ma era una

41

sofferenza. Dovevo uscire, interrompere la conversazione e vedevo le persone che si innervosivano, tossivano per il fumo e prendevano le distanze. Era pesante per loro, imbarazzante per me. Ho convissuto per due anni con le mie sorelle (entrambe non fumatrici), dovevo fumare fuori, nel portico, indipendentemente dal tempo."

"Sì, mi sentivo giudicata e che mi guardavano dall'alto in basso."

"Ero sempre pronto a difendermi di fronte a qualunque attacco, ma poi invidiavo chi non fumava."

"Dicevo che non mi importava, che stavo facendo quello che avevo voglia di fare. Dicevo di pensare ai fatti loro."

40. *Quanto il fumare o masticare tabacco ha influenzato le persone a te vicino?*

"La mia famiglia lo odiava. Mia moglie lamentava il fatto che influenzava la nostra intimità."

"Penso che chi mi conosceva e mi voleva bene lo sopportava e lo accettava. Ma molte persone erano disgustaste. Devo dire che c'era qualcosa che mi piaceva nell'essere associato al disgusto."

"Dava fastidio ai miei bambini. Adesso ho capito che molto probabilmente il mio fumare ha provocato otiti e sinusiti. Posso solo sperare che questo non abbia causato danni permanenti, ma so che può averli messi a rischio per eventuali malattie future."

41. *Hai litigato con altre persone, come risultato del tuo fumare o masticare tabacco? Se sì, descrivi l'accaduto.*

"Quando ero sposata, mio marito non voleva che fumassi in casa, naturalmente non lo facevo. Ma a volte fumavo, pensando così di farla franca, se no mi avrebbe rimproverato come se fossi stata una bambina. Un giorno mi disse una cosa che mi colpì parecchio: 'Preferisci fumare che stare con me.' Sapevo che aveva ragione e non potevo proprio dire niente. Potevo solo dire che avrei voluto che le cose fossero diverse, ma ero senza controllo."

"Sì, l'odore della pipa era sgradevole alle altre persone."

"I miei figli mi imploravano di smettere anche in modo rabbioso. Io non riuscivo a spiegare il mio comportamento e sovente li aggredivo anche se avevano ragione."

"Avevo un comportamento da tossico dipendente. Ero sempre sulla difensiva e aggressivo. 'Non ti mettere tra me e i miei bisogni' era il mio motto."

42. *Come le nuove norme antifumo influivano sul tuo stato?*

"Mi tenevo lontano dai luoghi dove non potevo fumare anche se era qualcosa che desideravo vedere. Non potevo stare più di un'ora senza fumare, così a volte anche un breve evento diventava una situazione ostile."

"Mi ricordo quanto mi ero *incazzato* quando proibirono di fumare nei teatri."

"Mi dava fastidio, ma non mi stimolava a smettere. Anzi se qualcosa mi poteva aiutare per andare contro corrente, la usavo come scusa per fumare ancora di più."

"Generalmente evitavo aree riservate fino a quando anche nei bar e nei ristoranti è diventato vietato fumare. Poi dovevo uscire con la massa 'ghettizzata' o sopportare il disagio che l'astinenza mi procurava. Questa legge sul divieto mi ha portata in Nicotina Anonimi."

43. *Quanto eri infastidito quando persone, pubblicità o regolamenti ti invitavano a smettere di fumare?*

"Sfida era il mio soprannome, ho sempre avuto problemi con le autorità."

"Anche se sapevo di commettere un reato, fumavo lo stesso nelle aree in cui era vietato, buttavo i mozziconi dal finestrino dell'auto o per terra il pacchetto vuoto tutto spiegazzato. Ero un ribelle nei confronti di tutto e tutti, probabilmente ero un cretino."

"Il mio fumare rendeva mia moglie ansiosa e frustrata, soprattutto dopo che il dottore disse che avevo un serio problema ai polmoni, ma non riuscivo a smettere."

"No, ero grata. Era da tanto tempo che volevo smettere. La pressione dei media stimolavano il mio desiderio."

"Sovente avrei voluto ingoiare il succo del tabacco, ma il più delle volte lo sputavo ovunque fossi, ovunque mi trovassi."

44. Gli avvertimenti della Sanità Mondiale riguardo al fumo sui pacchetti delle sigarette non avevano nessun effetto su di te?

"Gli avvertimenti della Sanità Mondiale sui pacchetti delle sigarette erano completamente ignorati, semplicemente un po' di inchiostro su un pacchetto che non leggevo."

"Sì, mi faceva riflettere. Una volta o l'altra avrei smesso. Questo 'progetto' mi faceva credere di non essere completamente idiota."

"Non mi ha fatto smettere di fumare per molti anni e nemmeno sentire in colpa."

"Sì, mi sono fatto una risata. Ero orgoglioso di essere un 'duro' fumatore. Che scemo."

"Mi dava parecchio fastidio, soprattutto quando paragonavano la dipendenza dalla nicotina alla dipendenza dall'eroina. Questo è stato un motivo che mi ha convinto a smettere."

45. Quali metodi hai usato per controllare l'uso del tabacco?

"Contavo le sigarette, guardavo l'orologio, decidevo quando avevo voglia di fumare e quando sarebbe stato l'ultimo pacchetto. Compravo un pacchetto per volta invece della stecca intera, dicendo che sarebbe stato l'ultimo."

"Mi prefissavo degli obbiettivi, mi ponevo dei limiti, ma non ha mai funzionato."

"Non fumavo mai in casa, in auto o vicino ai miei figli. Ma sovente preferivo fumare che stare con i miei figli. Controllo? Ero fuori controllo."

II. COSA E' SUCCESSO?

46. *Cosa ti ha fatto capire che "ADESSO" era il momento giusto per smettere di fumare? C'è stata una particolare situazione, persona o luogo che ti ha portato a decidere di fare qualcosa per la tua dipendenza dalla nicotina?*

"No, era una cosa che mi rodeva dentro da anni. Semplicemente non tolleravo più di continuare ad uccidermi."

"Molti dei miei amici avevano smesso di fumare. Alcuni di loro erano dipendenti come me. Ho cominciato a credere che se loro ci erano riusciti anche io avrei potuto."

"Mia figlia di dieci anni mi guardava tossire l'anima e piangeva."

"Essere intubata stava per diventare l'unico modo per continuare a vivere."

"Un sacco di cose della mia vita mi stavano portando in una unica direzione:prendere la decisione di smettere di fumare."

"Ho notato che avevo l'abitudine di dire: a trent'anni smetterò di fumare, quando avrò una relazione smetterò di fumare, quando sarò più tranquillo smetterò di fumare, quando sarò più organizzato smetterò di fumare. Continuavo a mettere l'azione di prendere questa decisione in un ipotetico futuro. Finalmente ho capito che il futuro è ADESSO; la vita me lo ha messo bene in testa."

"Il senso di colpa è iniziato a diventare troppo pesante da sopportare. Amavo vivere e volevo vivere. Una mia zia morì di enfisema polmonare. Un mio zio è in trattamento per un cancro ai polmoni, un altro zio è morto per un attacco di cuore. Un'altra zia ha un bypass nel naso a causa delle arterie intasate dal fumo. Erano tutti fumatori e provenivano dalla famiglia sia paterna sia materna. Io non sono più giovane e non voglio fare quella fine."

"Mi ero di nuovo ammalata e sapevo che la mia salute poteva solo peggiorare se non avessi smesso di fumare."

"Avevo ritrovato la salute grazie ad un altro Programma dei Dodici Passi e volevo recuperarmi completamente."

"Avevo sentito parlare di Nicotina Anonimi e presi questo come un 'segno' che era tempo che smettessi."

47. Descrivi come hai sperimentato il "toccare il fondo.

"Fumare quando in realtà non ne avevo voglia. Accorgermi che accendevo due sigarette contemporaneamente."

"Sovente ero ricoverato in ospedale sia prima, sia dopo aver smesso di fumare."

"Molto bloccato con le emozioni, e le sigarette non aiutavano a migliorare la situazione."

"Quando fumavo tabacco scadente."

"Non avevo ancora toccato il fondo, ma si stava avvicinando."

"Ero a corto di scuse e raccontavo un sacco di bugie."

"Non avevo dubbi che dovevo smettere e allo stesso tempo realizzavo che non potevo farcela da sola. Mi ricordo che alla mia prima riunione dissi: 'Non voglio più usare nicotina, ma non riesco a smettere, su di lei non ho nessun controllo. Sono terrorizzata dopo questa riunione di andare a casa e fumare. Non so proprio che fare.' Era la prima volta che dicevo questo pensiero ad alta voce e ho pianto."

"Il dentista mi disse che avevo delle piaghe bianche cancerose in bocca."

48. La disonestà influenzava la tua decisione di smettere di fumare?

"Ero stanca di mentire a me stessa e agli altri dicendo che avevo smesso di fumare quando non era vero."

"Mi stavo solo prendendo in giro."

"No. Sapevo che il tabacco poteva uccidermi e che sarei stato dipendente per il resto della mia vita."

49. *Quante volte hai provato a smettere? Quanto tempo sei riuscito a stare senza fumare l'ultima volta?*

"Quattro volte negli ultimi vent'anni e una settimana è stato il massimo."

"Circa trecento volte. Il tempo più breve un'ora, il tempo più lungo undici mesi."

"Ho smesso mille volte. Alcune volte per un'ora, altre volte per dieci giorni, qualche volta per una settimana. Ho smesso definitivamente il 21 giugno 1984 quando mi intubarono per la prima volta, ora sono sotto ossigeno."

"Nell'ultimo anno ho provato a smettere tutte le mattine quando mi alzavo dal letto. Avrei voluto svegliarmi giurando a me stesso che non avrei più fumato, ma poi, dopo la prima tazza di caffè, ricadevo."

"Non ho mai provato *veramente* a smettere. Pensavo che non ce l'avrei mai fatta e non volevo affrontare il fallimento, mi sentivo già abbastanza male per il fatto che fumavo. Follia."

50. *Per quanto tempo è durata la tua ultima crisi di astinenza fisica?*

"L'ultima crisi di astinenza fisica è durata per tre/quattro giorni, per me è sempre stato così ogni volta che smettevo. L'ultima volta ho chiesto aiuto a Nicotina Anonimi e Dio, e non ho avuto crisi di astinenza fisica acuta, nessun tipo di sintomi. Un dono di Dio."

"Per circa una settimana, ma non è stato affatto male. In precedenza era peggio."

"Per la prima e la seconda settimana non è stato così infernale. Penso che la libertà dal senso di colpa era una tale ricompensa che quasi non sentivo la crisi di astinenza. Tuttavia, quando mi trovavo a dover lavorare per forza per molte ore al computer, che era il momento in cui fumavo di più, ho fatto fatica anche se erano già passate quattro settimane. Non volevo fumare, ma volevo scappare dal mio lavoro il più lontano possibile perché fumare e lavorare era una combinazione mortale."

"Circa un mese, ma non voglio più riviverlo di nuovo."

"Era incostante: alcuni giorni veramente duri e altri più facili. Nell'insieme per due o tre settimane."

51. Per quanto tempo sono durate le crisi emotive?

"La pesantezza delle crisi emotivi è durata per circa tre settimane e periodicamente mi viene ancora in mente di fumare e veramente voglio una sigaretta. Ho imparato ad essere onesta e dire 'Voglio una sigaretta' fino a quando questo pensiero non se ne va dalla mia testa. Preferisco dirlo piuttosto che farlo."

"Per circa quattro difficili mesi. Non sono diminuite fino a quando non ho avuto uno sponsor."

"Le mie emozioni più intime sono venute fuori senza controllo come una tempesta per mesi. Ora sono solo un ricordo che potrebbe anche esplodere, ma fintanto che continuerò ad andare alle riunioni mi ricorderò che cosa ho ottenuto."

52. Quali altri metodi o programmi hai provato per smettere di fumare o masticare tabacco prima di venire in Nicotina Anonimi?

"Ho provato il *cold turkey* (tacchino freddo) un programma per smettere di fumare e l'ipnosi per tre volte."

"Programmi per smettere di fumare: ipnosi, dottori, terapeuti, guru, libri."

"Ipnosi, agopuntura, gomme alla nicotina, associazioni che si occupano della salute."

"Provato di tutto, ho anche pagato per stare seduta sotto una piramide. . . .

"Non ho mai provato nulla perché pensavo di non potercela fare."

53. Come hai scoperto Nicotina Anonimi?

"Me ne parlarono amici che frequentavano Nicotina Anonimi."

"Ho visto un volantino appeso su di una bacheca."

"Ho cercato in internet. Un elenco delle riunioni che mi ha indicato dove andare."

"Su di un giornale nella sezione auto-aiuto."

"Un ragazzo di un'altra associazione mi parlò di Nicotina Anonimi e il mio giudizio iniziale fu che se questo programma di recupero era quello dei Dodici Passi era troppo lungo. Fortunatamente per me non fu il mio verdetto finale e mi unii a Nicotina Anonimi."

Credevi che se non avessi smesso di fumare non avresti potuto partecipare alla tua prima riunione di Nicotina Anonimi?

"Non mi è mai passato per la testa che bisognava smettere di fumare prima di poter partecipare ad una riunione."

"Sì, esattamente come non sarei mai potuto andare in A.A. se avessi continuato a bere."

"Lo credevo, ma fui sollevato perché non era così. Se no, non ci sarei mandato andato."

"No, perché il volantino diceva: 'devi solo portare con te il desiderio di smettere di fumare', così sapevo che sarei stato il benvenuto, e così è stato."

55. **Quando sei arrivato per la prima volta in Nicotina Anonimi, pensavi che saresti riuscito a smettere?"**

"Quando arrivai a Nicotina Anonimi, sapevo che avrei potuto smettere di fumare. Ci ho messo parecchio tempo, ma la mia più grande paura era se sarei riuscito a rimanerne senza."

"Non potevo sapere a cosa pensare o come smettere. Ero già abbastanza disperata di mio."

"Probabilmente, ma ero consapevole che sarei stato guidato passo dopo passo dal mio Potere Superiore."

56. Quale fu la tua prima impressione di Nicotina Anonimi?

"Sentii di farne parte, di essere un membro di NicA," condividevano la stessa dipendenza. Loro capivamo le mie lotte e io capivo le loro. Mi rispecchiavo in loro al 100%."

"Li amai fin dalla prima riunione."

"Ridicoli, ma sinceri. Quasi non volevo tornare alla seconda riunione—grata di averlo fatto."

"Questo è proprio tale e quale all'altro mio Programma dei Dodici Passi. Potrebbe funzionare."

"Una cura, un gruppo incoraggiante."

"Ho subito apprezzato le persone. Ho subito capito che questa era l'ultima occasione: se non smettevo di fumare qui, con questo popolo, non sarei mai riuscito."

57. Frequenti altri programmi di Dodici Passi? Se sì, senti che sai necessario rendere distinta e separata la tua frequentazione a Nicotina Anonimi?

"Sì, considero entrambi i programmi parte integrante per il mio recupero. Non ero riuscito a fare il Terzo Passo in uno dei due programmi e l'ho rifatto nell'altro. *'Ho preso la decisione.'* Ho fatto dal Quarto al Settimo Passo in Nicotina Anonimi."

"Sì, ma non ho trovato sostegno. Ho bisogno del Programma di Nicotina anche per le altre mie dipendenze e perché penso che il grado di onestà necessita di essere maggiore in Nicotina Anonimi."

"No, Nicotina Anonimi è stata la mia prima esperienza nel Programma dei Dodici Passi."

"Sì, appartengo ad altre fratellanze, ma trovo che frequentare in modo distinto Nicotina Anonimi è per me obbligatorio. Diversamente mi dimenticherei che non devo fumare."

"Sì, distinta frequentazione. Vado ad un'altra fratellanza perché sono codipendente. Vado a Nicotina Anonimi perché sono un dipendente dalla nicotina. Le manifestazioni sono diverse."

58. Hai trovato che il tuo recupero in un altro Programma dei Dodici Passi ha condizionato smettere di usare nicotina?"

"Dopo alcuni mesi di un altro Programma dei Dodici, ho capito che non potevo avere restituita la salute della mente per troppo tempo, se continuavo a fumare un pacchetto di sigarette al giorno."

"Sì, ho capito che ogni volta che ricadevo con l'alcol, ricadevo anche con il tabacco. Quando finalmente divenni sobrio dall'alcol, divenni sobrio anche dal fumare." (sober—smober)*

"No, mi ci sono voluti dodici anni di A.A, prima di trovare il coraggio di andare a Nicotina Anonimi."

"Stavo frequentando un altro Programma dei Dodici Passi per cercare di affrontare il mio comportamento compulsivo, ecco perché ero certa che Nicotina Anonimi avrebbe funzionato per me."

"Sì, stavo frequentando un altro Programma dei Dodici Passi da tre mesi e ho capito che se volevo stare veramente bene dovevo anche smettere di fumare."

59. Sei ricaduto da quando frequenti Nicotina Anonimi? Se sì, cosa hai capito?

"Sì, ho capito che devo chiedere aiuto a Dio e fare Programma per reggere. E' stata una lezione importante."

"Sì e mi ha insegnato che i miracoli accadono ma con i tempi di Dio e non con i miei. Il mio compito è quello di fare i Passi e affidare il risultato."

"La ricaduta è iniziata prima nella mia testa. Io ho messo quella *merda* in bocca. Le riunioni sono state la mia medicina e così continuo andarci."

"Da quando ho smesso non sono mai ricaduto, il servizio mi tiene focalizzata sul Programma piuttosto che sulla

Nicotina. Credo nelle Nostre Promesse e che funziona se lo fai funzionare."

"Ho cominciato ad andare alle riunioni. I membri erano persone che capivano senza giudicare, così *sono subito salito sulla carovana'*"

"Sono stato lontano dai gruppi per mesi, vergognandomi, ma il mio ego e la nicotina mi stavano uccidendo, così finalmente sono ritornato e ho avuto un caloroso benvenuto."

60. *Quando hai smesso di usare nicotina, certi avvenimenti o alcuni sentimenti hanno suscitato in te di nuovo l'uso del tabacco?*

"Avevo appena speso ottanta dollari dall'ipnotista per la seconda volta, quando mio marito mi ha detto: 'Sei così facilmente irritabile, perché non ti fumi una sigaretta.' E così ho fatto."

"Quando ricaddi, usai ogni tipo di scusa che potessi trovare per poter continuare a fumare. L'ultima ricaduta era legata ai problemi di sesso che avevo con il mio fidanzato. Prima ancora per il mio aumento di peso. Altre scuse sono passate, dalla rottura di relazioni affettive a perché ne avevo voglia."

"Sconvolgimenti, e la falsa convinzione che avrei potuto avere il controllo."

"Forte stress. Situazioni che mi costringevano a confrontarmi con i miei sentimenti più profondi."

"Sono giunto alla conclusione che fino a quando non avessi smesso del tutto potevo sempre averne ancora una. Giusto!"

"Ho rinunciato a droghe illegali, poi ci ho pensato: 'Posso ancora usare nicotina, è legale.'"

"Il vuoto. Non potevo sentire il vuoto dentro di me. Riempivo questo vuoto con la nicotina. E quando non ce l'ho più fatta il vuoto ha riempito me."

61. Quali sentimenti provavi quando non riuscivi a smettere?

"Mi odiavo."

"Ogni volta che ricadevo aumentava la vergogna e l'autostima scendeva. Senso di colpa per il fumo passivo, ma sopratutto una lenta disperata paura che sarei morto senza speranza di una morte lenta e dolorosa provocata dal fumo, e non importava quello che io volevo non riuscivo a smettere."

"Frustrazione, rabbia, disgusto per me stessa, mescolato al sollievo, ero in costante conflitto."

"In colpa. Un senso di sconfitta. Impotenza nei confronti della dipendenza."

"Profonda depressione e una paura alla soglia del suicidio."

"Scosso, spaventato."

"Prima di tutto deluso, e infine un fallimento. Piangevo disperatamente."

"Mi sentivo sola e sfiduciata, ma sapevo che c'era aiuto e speranza."

"Mi sentivo che avrei voluto letteralmente morire fisicamente."

"Temevo di non poter smettere e che volevo solo poter ricadere ogni tanto."

"In assoluto era la cosa più spaventosa che avessi dovuto affrontare."

62. Hai avuto problemi con il concetto di impotenza? Cosa è successo quando sei riuscito a darle un senso?

"Sapevo, quando arrivai a Nicotina Anonimi, che ero un dipendente dalla nicotina senza speranza. Impotenza ingestibile. Ci sono voluti ventitre anni di sofferenze e tentativi falliti prima che cercassi aiuto in Nicotina Anonimi (anche se conoscevo i Dodici Passi che già avevano professato nella mia vita)."

"Penso che ero un piccolo essere molto spavaldo quando arrivai per la prima volta in Nicotina Anonimi. E'stato dopo una ricaduta che veramente sono andato faccia a faccia con la mia impotenza. Ho chiesto aiuto a Dio e l'aiuto è arrivato ma, in ogni caso, per un bel po' non è stato comunque facile."

"Sapevo di essere impotente, sapevo che le sigarette erano dannose ma continuavo lo stesso a fumare."

"Prima di tutto ero confusa perché stavo cercando il *potere* che mi facesse smettere di fumare. Dopo mesi di riunioni ancora cercavo controllare il mio fumare. Poi, finalmente dentro di me ho accettato che non ero abbastanza potente per poter controllare la nicotina, che mi aveva completamente soggiogato. Così capii che avevo bisogno di *unirmi* al gruppo."

63. *Dopo quanto tempo i Dodici Passi hanno iniziato ad avere un senso per te?*

"Proprio adesso mentre sto scrivendo ho capito come applicare i Passi alla dipendenza da nicotina. Questo questionario mi ha fatto capire la mia impotenza e quanto sia utile un inventario."

"Ci sono volute un paio di settimane e molta lettura. E' un percorso in continua evoluzione."

"Sono i Passi che danno un senso. Sono un metodo di supporto di cui ho bisogno per continuare a non fumare."

"E' stato tutto nuovo e confuso per un bel po', ma ho continuato a provarci, c'erano così tante persone che avevano trovato recupero facendo questo Programma— Volevo avere una mente aperta."

"Sono stato per mesi 'frastornato e confuso', fino a quando non ho trovato uno sponsor che mi ha dedicato del tempo per parlare dei Passi."

64. Sei rimasto sorpreso quando hai capito che Nicotina Anonimi è un Programma spirituale e non un Programma per smettere di fumare?

"No. Mi sembrava più che logico. Ero grata che fosse un Programma spirituale e non solo un modo per smettere di fumare. Anche se era tutto nuovo per me, ero disponibile (davo il benvenuto) al cambiamento. La mia vita non è mai funzionata. Avevo bisogno di un Programma spirituale."

"Non ero del tutto sicuro in un primo momento."

"La parola 'Dio' mi sorprese e mi seccò, fino a quando membri del gruppo mi dissero che era un *come io posso concepirLo* e nessuno tentò di 'convertirmi' ad una religione.

65. Come hai fatto all'inizio con il concetto di "Potere Superiore?" Il tuo atteggiamento è cambiato? Descrivi.

"Avevo un'idea infantile riguardo a un Dio che non poteva funzionare per me. Ma finalmente, dopo aver frequentato per anni, l'Undicesimo Passo è diventato una parte importante della mia vita. Ho provato diversi tipi di meditazione e cammini spirituali, ma è sempre molto personale questo tipo di relazione con il Potere Superiore che è sempre a mia disposizione semplicemente entrando in comunione. Questo cammino è una meravigliosa esperienza e io non voglio perderla per nessun motivo."

"Potere Superiore, che io chiamo Dio, è il mio concetto di forza vitale su tutto. L'unica cosa è che inizialmente non potevo dire 'Dio' e adesso non posso fare a meno di dire 'Dio.'"

"Ho avuto problemi con il concetto di Potere Superiore. Io non credo in 'Dio' come molte persone invece credono. Credo in una sorta di forza. Credo in un potere che è parte di me. Questo è ciò che di meglio posso fare."

"Attraverso la metafisica."

"Il mio Potere Superiore di riferimento è il gruppo."

"Ho un Potere Superiore di un altro programma che ho messo in carica fin dall'inizio in cui ho iniziato a frequentare Nicotina Anonimi.

"Sono stata una persona religiosa per quarantadue anni, e niente è cambiato.

"Non volevo stare in un club religioso. La Natura è da sempre la mia ispirazione e la mia guida spirituale. La cura del gruppo e la bellezza della Natura è come una esperienza trascendentale che mi libera dalla mia dipendenza."

"Ho sempre pensato a come poteva essere Dio. Non ho avuto Dio o un potere spirituale nella mia vita per anni. Il mio punto di partenza è stato quando ho detto: 'Non posso farcela da solo; è stato l'inizio dell'entrata di Dio nella mia vita."

"Ho compreso il mio Potere Superiore come un Potere Risoluto che mi chiama all'azione al di là dei miei atteggiamenti egoistici elencati nella Preghiera del Terzo Passo. Il servizio è la strada per compiere questo Proposito e mi unisce a questo Potere e alla sua Pace."

66. Hai uno sponsor? Sei tu stesso sponsor?

"No, non ancora, ma ho i miei amici NicA e ci sosteniamo a vicenda."

"Uso le persone in recupero come sponsor.

"Sì. Ho scelto uno sponsor alla mia seconda riunione.

"Mi ci è voluto un po' prima di trovare il coraggio di chiedere a qualcuno di sponsorizzarmi, ma il mio sponsor mi è stato di grande aiuto. Ora restituisco questo dono sponsorizzando i nuovi arrivati.

67. Che cosa ti ha fatto venire in Nicotina Anonimi?

"Sono venuto in Nicotina Anonimi perché sapevo di essere completamente impotente nei confronti della nicotina e avevo fiducia nel Programma dei Dodici Passi che aiuta molte persone con problemi di dipendenza, cosi Nicotina Anonimi può aiutare me."

"Il sostegno emotivo che condividiamo uno con l'altro. La possibilità di cominciare ad essere libero mi ha portato qui. Non ho mai avuto dubbi che avrebbe funzionato.

"Ci credo. Condividiamo insieme la stessa dipendenza. Mi sento sostenuto ed è un bene inestimabile. Il lavoro sui Dodici Passi è l'unica soluzione per me.

"Vedere gli altri che facendo i Passi si recuperavano. Nessuno può farli al posto mio.

"Le persone. La disperazione. L'impegno per il gruppo."

"Sostegno e non giudizio riguardo alle ricadute. Il 'dolce programma' di cui avevo bisogno."

III. ADESSO COME STAI?

68. *Hai ancora desiderio per la nicotina?*

"Raramente. Ma faccio ancora sogni in cui ho voglia di fumare o fumo una sigaretta. Mi sveglio molto agitato e capisco che non voglio più tornare indietro."

"No, non ho più desiderio, ma di tanto in tanto, se sono in situazioni particolarmente stressanti e vedo qualcuno accendersi una sigaretta, penso: wow, sarebbe bello evadere per un momento.

"Non sento il desiderio per la nicotina, mi sento invece privato della compagnia di chi fuma.

"Sì, ma raramente. Mi coglie all'improvviso e di solito è collegata a un desiderio di fuga o al sentirmi sopraffatto.

"Solo nella prima settimana di astinenza e ho sentito di nuovo la voglia crescere solo in qualche rara occasione. Ma ho capito che è dovuto alla memoria storica del mio cervello. Non posso cancellarla, ma posso non obbedirgli più.

"Non ho più desiderio, ma mi sento insicuro sul lavoro perché non fumo; anche se non desidero più usare nicotina per risolvere un problema."

"Ho totalmente perso l'ossessione di introdurre gas tossici nel mio corpo."

"All'inizio, durante la giornata avevo molta ossessione. Adesso occasionalmente penso fumare, ma non ho più la compulsione verso la nicotina. Qualche volta sento la mancanza della *sensazione,* ma ricordo a me stesso tutto l'orrore che essa mi provocava e mi concentro su quello che ho guadagnato."

69. Hai notato un aumento del desiderio di mettere qualcosa in bocca?

"Mangiavo molte noccioline e cioccolato, ma ho smesso, preferendo gomme senza zucchero."

"Sì, ho riscoperto il cibo in modo esagerato e ho avuto dei problemi. E' una provocazione. Ho anche usato molti stuzzicadenti."

"Oh sì, e anche il mordere qualcosa. Un membro del gruppo mi ha parlato delle radici di liquirizia. Masticavo questi bastoncini e mi hanno aiutato per ciò che riguardava la questione orale."

"Sì, ma ho completamente accettato che la sigaretta non è la soluzione."

70. Come le riunioni ti sono state d'aiuto per rimanere libero dalla nicotina?

"Le riunioni sono un appuntamento settimanale che mi ricorda che sono come gli altri membri, impotente nei confronti della nicotina e che posso ricadere senza una costante vigilanza e sostentamento. Vado alle riunioni anche per incontrare i nuovi venuti."

"Stare ad ascoltare i nuovi venuti, condividere quanto si sentono male, mi ricorda come ero. Inoltre mi dà l'opportunità di condividere la mia esperienza di forza e speranza e di come sta andando la mia vita."

"Il sostegno è estremamente importante. Sapere che non siamo soli in questa battaglia. Essere incoraggiati da quelli che sono venuti prima di noi, ricevere suggerimenti su cose che ci possono aiutare ad andare avanti, poter condividere l'angoscia e la gioia assieme ad altri che capiscono."

"L'ambiente sociale stressa, il gruppo aiuta e mi ricorda quanto è stato faticoso."

"Sapere che il gruppo è in cammino, mi fa andare avanti."

"Quando condivido ricevo la forza che mi aiuta a raggiungere il mio obbiettivo."

"Le riunioni mi portano a parlare dei miei problemi e a stare con persone che condividono parte dei loro. Mi danno l'opportunità di esprimere gentilezza e amore e mi danno la possibilità di ricevere gentilezza e amore dagli altri."

"Sforzarmi di andare alle riunioni è un esercizio che allena e dà forza al mio recupero. Se divento pigro, potrei ricadere. Ogni riunione è come un corso di aggiornamento."

71. *Frequentando le riunioni cosa hai imparato sulla vita?*

"Ho imparato che la compulsione per la nicotina in ogni caso passa. La miglior notizia che io abbia mai sentito. Da questo ho imparato, in modo molto personale, il significato di 'anche questo passerà', cosa che prima non avevo capito."

"Posso vivere senza nicotina, un giorno alla volta. Parlare della compulsione, dell'ossessione, essere onesto su entrambe le cose toglie potere alla sostanza e non sono costretto ad accenderne una."

"Che posso vivere felicemente libero dalla nicotina, pieno di gratitudine ed estasiato."

"Ad accettare di più, essere più ricettivo e aprirmi maggiormente."

"Ho imparato a prendermi la responsabilità della mia pace e felicità.

"Una volta credevo che smettere fosse impossibile. Ora so che era una paura e non un fatto. Cambiare un comportamento può essere una sfida che non accantono più come se fosse impossibile. Chiedo aiuto e guida spirituale."

"Sono più normale di quanto avessi mai pensato. Ciò mi ha dato sia accettazione, sia coraggio."

72. ***Quali nuove emozioni sono venute in superficie? Quale strumento o messaggio di Nicotina Anonimi usi per affrontarle?***

"C'è in me così tanta rabbia che non sapevo di avere. Il modo migliore per affrontarla è la condivisione alle riunioni e imparare strategie dal mio sponsor per gestirla in modo adeguato."

"All'inizio ho avuto molta rabbia, così come sentimenti di solitudine, dolore e paura. Ho usato il telefono per parlare con altre persone che sono nel Programma. Qualche volta chiamo i nuovi venuti e questo mi fa sentire subito molto grato. Inoltre mi ricordo che le emozioni passano e che io faccio quello che posso indipendentemente da come mi sento. Qualche volta dico semplicemente: Ok, oggi sono depresso, ma va bene, non è una cosa così grave. Mentre in passato, se ero depresso, nutrivo la mia depressione e ci finivo dentro. Ora non lo faccio più."

"Ripetere la frase anche questo passerà mi aiuta a gestire l ansia."

"La mia sanità mentale è stata salvata un infinito numero di volte con il recitare la Preghiera della Serenità. Le mie emozioni diventano più gestibili con la speranza di questa prospettiva."

"Uso gli slogan 'Scegli la fede contro la paura' e 'Occupati delle tue emozioni' perché le ricadute mi hanno dimostrato che devo lavorare sui Passi."

"Se rimpiango la mia vecchia amica nicotina, chiamo qualcuno della lista telefonica e condividiamo su questo."

"Quando mi sento sopraffatto, prendo un momento e mi ricordo di essere *'Grata della Grazia'* di non fumare per oggi. Mi calmo e cerco di prendere una cosa alla volta."

"Prego, condivido, metto in pratica lo slogan 'Fai le cose con calma'. Questo funziona per me."

73. **Quali sono le emozioni che mettono in pericolo la tua astinenza?**

"Ultimamente non mi sono più sentito in pericolo di tornare a fumare. Ma le emozioni più pericolose per me sono: la paura, il senso di inadeguatezza, i problemi finanziari e la lettera F come futuro. Queste sono le cose a cui devo prestare maggiore attenzione. Quando queste cose vengono fuori, sono più attento al Programma, anche se penso che fumare non migliorerebbe la situazione."

"Tutte le emozioni mettono in pericolo la mia astinenza."

"Nessuna, ho imparato a stare con le mie emozioni e a gestirle."

"No, nessuna delle situazioni emotive che mi trovo ad affrontare mi fanno venire voglia di fumare. La nicotina è veleno e morte. Sto imparando un nuovo metodo di vivere l'ansia e la rabbia."

"Non accetto di aver preso peso."

74. **Senti più rabbia adesso, di quando usavi la nicotina? Se sì, come l'affronti?**

"All'inizio sentivo più rabbia perché l'avevo repressa per tanto tempo. Ora, attraverso l'uso dei Dodici Passi cerco di capire se sono in torto o se la rabbia è motivata. Se è così, cerco di esprimerla in modo costruttivo alla persona con cui sono arrabbiato, anche se a volte ciò non è possibile. E allora cerco un amico di Nicotina Anonimi con cui condividere, così mi sfogo finché non sono libero."

"Sì, sto avendo molti problemi con la rabbia. Cerco di affidare, lasciando andare le cose che non posso controllare. E cerco anche di lasciare andare le cose che potrei cambiare ma che non sono in cima alla lista delle priorità."

"Faccio cinque respiri profondi e dico la Preghiera della Serenità."

"Sento tutto amplificato, ma coccolo il mio cane o faccio una passeggiata in giardino."

"Se penso che potrei perdere il controllo, prego. Mi dico che, se perdo il controllo, sarò io la persona che soffrirà maggiormente. Ho imparato a non assecondare più la mia rabbia come facevo un tempo."

"Uso il mio sponsor o la lista dei numeri telefonici del gruppo per condividere e fare ordine. Solo il fatto di essere ascoltato mi calma e mi aiuta a guardare la parte che posso aver avuto nella situazione."

75. *Quali atteggiamenti sono cambiati frequentando Nicotina Anonimi?*

"Guardo a me stesso e agli altri con più onestà. Non mi nascondo più la verità. Ho scoperto che sono una persona capace, ho più autostima e fiducia in me stesso. Faccio azione e sono contento, mi sento bene al riguardo. Mi piaccio di più perché ho tanti motivi per piacermi. Vivo il presente, ho fiducia nel futuro e nel mio desiderio di creare una vita migliore per me stesso."

"Ero solito reprimere la rabbia con la nicotina e poi diventavo cattivo, odioso e pieno di risentimento. Ora ho imparato a esprimere la rabbia in modo più appropriato e il mio atteggiamento è divenuto più calmo."

"Ho la sensazione che sto facendo qualcosa di buono per me. Non ho più sensi di colpa."

"Oh, ora sono così intelligente che il quoziente intellettivo è cresciuto almeno del 20%."

"Sono più tollerante verso me stesso e verso gli altri."

"Ho cambiato radicalmente la mia vita interiore. Ma soprattutto sono consapevole quando arriva la malattia mentale. Questa include: autocommiserazione, risentimento, arroganza, vergogna, giudizio. Ora mi accorgo di questi atteggiamenti e so anche perché. Faccio i Passi ogni giorno per lasciare andare tutti questi difetti di carattere e sostituirli con principi spirituali del Programma che sono: amore, umiltà, pazienza, fratellanza, servizio, accettazione, coraggio, onestà."

76. *Sei più onesto? In che modo prenderti un impegno onesto è collegato alla tua continua libertà dalla nicotina?*

"Invece di fumare in faccia a qualcuno, ora sono capace di parlare ed affermare la mia posizione. Non sono più depresso come prima."

"Dico quello che penso. Non ho più spazio per le 'balle'. Ora mi sento più a mio agio nel mondo."

"Sì, non voglio più essere pieno di bugie, ritornare ad essere uno stupido e avere una morte lenta. L'onestà mi aiuta a vedere più chiaramente la strada da percorrere."

"Devo essere onesto per essere libero. Se non sono onesto, non sarò mai libero."

77. *Sei sicuro di non voler di nuovo fumare?*

"Sì, sono sicuro. So che fintanto che sarò onesto con me stesso non ricadrò."

"Assolutamente no. So che, se non uso gli strumenti di NicA per mantenere la mia astinenza, ricadrò. L'ho fatto troppe volte."

"Sento che la nicotina non è più una scelta. Ma ho bisogno delle riunioni e del supporto dei membri."

"Abbastanza sicuro. Ma è sempre una questione aperta."

"Sono spaventato dal fatto che fumare è ancora una possibilità."

78 . *La tua maggiore preoccupazione è ancora evitare la nicotina?*

"In realtà, la dipendenza era la nicotina, ma l'ossessione era fumare."

"Sì. La mia seconda preoccupazione è fare ciò che devo senza usare nicotina. La mia terza preoccupazione è gestire la rabbia."

"Sì, ma prima di tutto mi preoccupa imparare a vivere la vita per quello che è."

"Certamente la nicotina è sempre una preoccupazione, ma rivolgo la mia attenzione al recupero. Credo nello slogan: 'poni l'attenzione sulla soluzione e non sul problema'."

79 . Ti tieni lontano dai fumatori nei posti pubblici e/o eviti certi posti dove la gente fuma?

"La maggior parte delle volte sono tentato di avvicinarmi."

"All'inizio pensavo che non mi importasse, ora non lo sopporto."

"Sì, odio il fumo nella lavanderia a gettoni. Non voglio portarmi l'odore in casa."

"Non voglio respirare tossine, né dargli la possibilità di innescare un desiderio. Accetto che la dipendenza da nicotina è infida e astuta, e evito di correre dei rischi."

"Ho presto imparato a stare attento e ad evitare certe persone, posti e cose, e questo mi è stato molto utile. Ora ho sfide più grandi da affrontare."

80. Vivi o lavori vicino a qualcuno che usa tabacco? Se è così, questo ti condiziona?

"Sì, mi fa combattere tra l'accettazione e il prendermi cura di me."

"Lavoro con molte persone che fumano, una di esse è il mio capo. Non ho problemi con il fatto che loro fumano, non lo fanno in ufficio o vicino a me, ma ho la sensazione che siano a disagio con me, perché vado a Nicotina Anonimi e ho smesso di fumare."

"Sì, e spesso devo dire la Preghiera della Serenità. E' diventato molto chiaro come il mio fumare aveva condizionato le altre persone e quanto è importante per me fare il Nono Passo."

81. Cosa provi quando vedi una persona fumare o masticare tabacco?

"Penso alla mia dipendenza. Mi immedesimo con il loro bisogno per la sostanza. Sono estremamente grato di non usare più nicotina."

"Niente altro che gratitudine per il mio Potere Superiore."

"Disgusto. Mi spiace per loro."

"Tristezza per la loro sofferenza."

"Sento gioia perché non sto usando nicotina."

82. *La gente che fuma o mastica tabacco reagisce negativamente al tuo aver smesso? Se è così, come ti comporti con loro?*

"No. Generalmente si dilungano nello spiegarmi come smetteranno non appena riusciranno a trovare l energia giusta. Oppure parlano di quanto poco fumano. Io ascolto senza giudicare, perché anch'io avevo le mie scuse per procrastinare questa azione."

"Sì, sono spaventati e forse un po'risentiti. Non gli parlo del Programma perché non ascolterebbero quello che ho da dire, ma se me lo chiedono, glielo racconto."

"No, sanno che la nicotina li sta uccidendo. Lascio vedere loro il luccichio dei miei occhi. Lascio che si chiedano da soli se vogliono avere quello che io ho."

"Capisco che questo è il loro 'pensiero sulla nicotina', non è ciò che realmente provano."

83. *Ti senti più forte, al sicuro dalle recenti reazioni pubbliche contro il fumo? Ti irritano?*

"Sono grato di aver smesso."

"Sono d'accordo al cento per cento con qualsiasi cosa possa aiutare la gente a smettere. Non ci sono altre sostanze legali così pericolose come le sigarette. Solo alcuni bevitori diventano alcolisti, ma tutti i fumatori abituali diventano dipendenti. E' una sostanza mortale, ma è sottovalutata e supportata per il giro di denaro che coinvolge."

"Sono contento che la consapevolezza stia crescendo."

84. ***Conosci persone che sono state influenzate da te a smettere?***

"Sono stato fonte di ispirazione per qualcuno e questo mi aiuta."

"Sì, ho amici e famiglie intere che mi hanno seguito nel recupero."

85. ***Con quali azioni positive hai sostituito l'uso del tabacco?***

"Alcune semplici cose. Prendo dei respiri profondi, bevo tè alle erbe, mastico una cannuccia di plastica o uno stuzzicadenti, qualsiasi cosa mi aiuti a diminuire lo stress."

"Mi prendo regolarmente delle pause in cui rileggo *suggerimenti per guadagnare la libertà dalla nicotina* o altri opuscoli."

"Quando non ci sono riunioni, chiamo un paio di membri per sostenerci a vicenda, questo mi aiuta ad evitare che la mia testa giri a vuoto."

"Medito e prego più spesso, e faccio una lista giornaliera delle gratitudini."

"Cammino o vado in bicicletta, sono preoccupata di ingrassare."

"Sì, sono tornato a scrivere e a cantare. La mia testa è più pulita e quando canto, posso tenere lunghe note come quando ero giovane."

"Mi tengo impegnato lavorando sui Passi e mettendo in pratica i principi del Programma."

86. ***Senti di avere più tempo ora? Quali nuovi interessi hai coltivato?***

"Quando il mio sponsor mi diceva che avrei avuto più tempo, non gli credevo. Sorprendentemente … vero."

"Sono tornata all'università, ho completato la mia laurea e ho iniziato una nuova carriera."

"Sì, sicuramente ho più tempo e mi sento capace di affrontare nuove sfide."

"Faccio giocattoli per bambini abusati, abbandonati o malati di AIDS, ripago la società."

"Ora che ho più energia faccio esercizio fisico. Faccio i lavori di casa in metà tempo senza tutte quelle pause per la sigaretta."

"Ora ho più soldi. Leggo di più, vado ad un sacco di riunioni e faccio servizio."

"Sono più organizzata e mi godo il giardino di fiori che ho creato nel mio cortile."

"Ho sviluppato un interesse nell'arte, nel disegno, nella pittura, nella scrittura e nella scultura."

"Ho iniziato seriamente una ricerca spirituale. Ho anche deciso di imparare a giocare a tennis. Ho sempre desiderato farlo, ma non ci avevo mai provato."

87. *Come è cambiata la tua salute fisica?*

"Il mio mal di testa cronico è sparito."

"Una migliore respirazione, l'olfatto più accentuato, resistenza fisica incrementata, mi godo di più la ginnastica."

"Come recitano le *Nostre Promesse:* 'La salute è una nuova esperienza' e io sono grato."

"Il mio enfisema si è fermato."

"Non ho più avuto bronchite da quando ho smesso di fumare dieci mesi fa."

"Sentendomi meglio, riesco a sopportare tutto di più."

"La circolazione è migliorata. Non ho più piaghe nella bocca. Mi sento decisamente meglio."

"La mia salute è in generale migliorata. Ho più forza e non ho più strascichi dovuti alla sigaretta. Posso respirare meglio, posso ridere senza tossire. Questo è un grande segno di miglioramento."

"La voce va meglio, meno roca. Niente più tosse per i primi dieci minuti di ogni giorno."

"Posso di nuovo sentire gli odori e il gusto. Il raffreddore dura di meno e ho più energia."

88. *Pensi che il tuo aspetto fisico sia migliorato? Se è così, questo gioca un ruolo importante per tenerti lontano dalla nicotina?*

"Sì, perché sorrido di più. Non puzzo più di tabacco, l'ingiallimento delle dita se ne è andato e gli amici mi dicono che ho un bel colorito."

"Sì, il miglioramento fisico è una motivazione molto forte. La mia pelle è più morbida e pulita. Tutti i miei sensi sono accresciuti e più vivi."

"Mi sento più intelligente, ma forse è solo perché ho più stima di me stesso."

89. *Hai preso peso?*

"Sì, ho preso circa quindici chili, li ho persi e poi ho ripreso cinque chili."

"Sì, ho preso quindici chili nel primo anno. Il peso è sceso, ma ho tenuto due chili. Ora ho un aspetto magnifico. La gente mi dice quanto appaia in salute."

"In realtà no. Ho iniziato una serie di esercizi fisici e il peso non è un problema."

90. *Meditavi regolarmente prima di arrivare a Nicotina Anonimi? E adesso lo fai? Se la tua pratica è cambiata, descrivila.*

"No, non meditavo. A volte mi sembrava che fumare fosse come una meditazione, ma era più una 'inconsapevole sconnessione' che un contatto cosciente."

"Io medito stando immobile, fermo e mi ascolto, ma non utilizzo una particolare disciplina."

"Adesso sì, ogni giorno. Mi dà un po' di pace da cui posso avere delle intuizioni."

"Sì, ho iniziato, ma non regolarmente. Non sono abituato a stare seduto immobile."

91. *Qual è la tua comprensione della Preghiera della Serenità in ogni sua parte?*

"L'opuscolo che si utilizza per la Preghiera della Serenità è molto chiaro, descrive le mie sensazioni meglio di quanto potrei fare io."

"Io non posso cambiare le altre persone, non posso cambiare il 'sistema', il mondo e neanche mio figlio. Posso solo cambiare il mio atteggiamento e le mie azioni. E'abbastanza facile vedere la differenza, ma non è sempre facile accettarla."

"Non posso cambiare la mia compulsione per la nicotina. Non posso smettere con la forza di volontà. Non posso cambiare il fatto che sono un dipendente. Accetto di essere compulsivo verso la nicotina. La cosa che posso cambiare è come gestire questa compulsione: non deve essere nutrita. Il coraggio di non alimentarla mi arriva dal mio Potere Superiore, dall'aiuto del gruppo e il programmare un piano per le 24 ore, vivendo momento per momento."

"Io non posso cambiare le persone, i posti e le situazioni. Posso cambiare il mio modo di reagire di fronte a queste cose. Il mio intuito mi dice quali sono le cose che posso o non posso cambiare. Anche se per tanto tempo ho fatto a modo mio."

"Non posso cambiare il tempo atmosferico, la natura umana, il pianeta visto che ci devo vivere, ma posso cambiare il mio comportamento. Il coraggio mi arriva dal profondo e credo che sia sempre stato lì."

"La Preghiera della Serenità è la mia ancora verso la salute della mente. Molto dello stress nella mia vita è stato causato dal tentativo di cambiare le cose che non potevo cambiare e non cambiare quelle che avrei potuto. La saggezza arriva dal mio Potere Superiore e dalle mie oneste percezioni. Una volta fatta chiarezza mi sento molto meglio."

92. **Sei contento di aver riconosciuto la tua impotenza nei confronti della nicotina e per il cambiamento che questa consapevolezza ha portato nella tua vita?**

"No, è stata una rottura di palle. L'impotenza era una brutta sensazione, dolorosa, spaventosa, mi sentivo senza speranza, la odiavo. Nicotina Anonimi mi ha aiutato e sono grato che fosse lì pronta ad aiutarmi."

"Non sono felice di essere impotente nei confronti della nicotina, ma sono grato alle persone e dei benefici che Nicotina Anonimi ha portato nella mia vita."

"Assolutamente sì. La mia dipendenza dalla Nicotina mi ha dato qualcosa di concreto su cui lavorare. Sebbene sia stato per tre mesi in un'altra fratellanza dei Dodici Passi, le cose hanno iniziato a funzionare quando ho smesso con la nicotina, specialmente per quanto riguarda il mio rapporto con il Potere Superiore."

"Sono grato di aver compreso che, una volta che la nicotina era nel mio corpo, ne ero dipendente. Sono grato di essermi arreso e di non dover più combattere una battaglia già persa. Accettare che non posso cambiare questa situazione ha portato più pace nella mia vita."

93. **Come è il tuo lavoro sui Passi?**

"Ringrazio Dio ogni giorno che non devo più usare nicotina. Prego e medito giornalmente Tengo un inventario personale e chiedo l'aiuto di Dio per fare del mio meglio. Porto il messaggio di Nicotina Anonimi ogni volta e ovunque ne abbia occasione."

"Utilizzo lo strumento della scrittura. Scrivere mi aiuta ad essere consapevole di quello che faccio e di quello che dico. Questo processo mi aiuta ad essere più responsabile e mi aiuta a starci dentro. Mi permette anche una revisione periodica di come sto, di come vivo e a che punto mi trovo."

"Prego, condivido alle riunioni, ascolto il mio sponsor e ascolto me stesso."

"Con alcuni membri del gruppo abbiamo fondato un gruppo per lo studio dei Passi oltre a frequentare la solita riunione di recupero. Questo mi aiuta a rimanere focalizzato sul Programma e imparare dagli altri."

"Tre parole: pratica, pratica, pratica."

94. Hai fatto servizio a livello di gruppo, intergruppo o a livello dei Servizi Mondiali? Se è così, cosa hai ricevuto da questa esperienza?

"Sì, ho iniziato tenendo le chiavi per aprire il gruppo e occupandomi della conduzione delle riunioni."

"Non ancora. Non mi sento sicuro, sono troppo nervoso e non ne ho voglia."

"Ho sorpreso me stesso offrendomi volontario per fare il segretario di Intergruppo. Ho imparato molto e sviluppato nuove abilità e fiducia."

"Ho fatto servizio alla casella di posta dei servizi mondiali. Questo servizio mi ha messo in contatto con persone di altri paesi. Mi faceva piacere aiutare le persone a prendere il Kit del nuovo arrivato o a dare informazioni sulla riunione più vicina a loro."

95. Ti senti coinvolto nell'aiutare il nuovo venuto?

"Sì, da quando ho capito che il nuovo venuto è linfa per l'Associazione."

"Al momento sono impegnato a recuperare me stesso."

"Come si dice: *'I nuovi venuti mantengono giovane l'Associazione'*. Fintanto che i nuovi membri continueranno ad arrivare, io andrò alle riunioni e manterremo con gli altri membri aperto il gruppo. Credo nell'importanza di portare il messaggio di speranza e servire l'Associazione."

"Aiutando i nuovi arrivati acquisisco nuova consapevolezza, magari su cose che mi erano sfuggite durante il mio Quarto Passo. I nuovi venuti possono essere un nuovo specchio."

"Do sempre il mio numero di telefono e condivido con loro la mia esperienza, forza e speranza. Ogni tanto facciamo insieme il lavoro sui Passi."

"Sì, condividiamo e ci sosteniamo a vicenda."

"Sì, li sostengo cercando di dare loro la fiducia che ce la possono fare."

96. Hai avuto un risveglio spirituale?

"Sento che mi sto recuperando spiritualmente. Facendo i Passi, tutto diventa sempre più chiaro."

"A modo mio ho sempre cercato di vivere spiritualmente al meglio, facendo la mia parte. E il viaggio di una vita."

"Sono di mente più aperta riguardo alle opportunità, più capace a chiedere aiuto e più disponibile a fare il Terzo Passo."

"Lo spirito di fratellanza ha aperto il mio cuore e risvegliato la mia vita."

"Sì perché ho rispettato i miei tempi, ciò significa che non ho bisogno di fare miei gli idoli di altri e posso concepire un Potere Superiore come meglio credo."

97. Come è cambiata la tua idea di Dio, come tu puoi concepirLo, da quando sei entrato in Nicotina Anonimi?

"Questo è un grosso problema per me. Ho grossi risentimenti verso le religioni e non credo in un Dio come lo definiscono loro. Credo che ci sia una forza vitale ed è quanto di meglio posso fare oggi."

"Prima di Nicotina Anonimi non avevo un Dio. Ora ce l'ho. La mia idea su come possa essere non è importante, ma so che c'è."

"Del Programma mi piace il termine 'un Potere più Grande di me', perché mette l'accento sul principio e non sulla personalità."

"Quando ero un nuovo arrivato, sono rimasto perché ognuno poteva avere la propria personale idea di Potere

Superiore. Questo concetto mi ha permesso di rimanere con la mente aperta nei confronti della spiritualità del Programma."

"Sì, il concetto di Dio, come io posso concepirLo, oggi è diverso da quando sono entrato per la prima volta nelle stanze. La ricerca e lo sviluppo della mia fede personale è rafforzata."

"La mia idea di Dio non è cambiata, ma il mio credo quotidiano è decollato."

98. *Se lo fai, come utilizzi il concetto di Dio in relazione al tuo vivere quotidiano?*

"Prego ogni giorno e ricordo a me stesso che la vita è un viaggio e Dio è la guida."

"Credo che i miei pensieri e le mie parole siano creativi. Creo con Dio e la mia vita ora è una Sua espressione. Devo solo trovare nella mia testa quello che Lui ha già messo."

"Penso a questa forza come a un grande spazio spirituale, qualcosa come un vasto fiume a cui affido le cose e questa forza se le porta via. Oggi ho un Potere Superiore da cui dipendo."

"Metto la mia mano in quella di Dio. Lui si prende cura di tutto, se mi faccio da parte."

"Guardo il mio Dio come colui che mi protegge e mi guida."

"Mi metto in ginocchio e prego mattina e sera."

"Il mio concetto di Dio è una chiamata verso uno 'Scopo Più Alto'. Quando esagero con i miei atteggiamenti egoistici, posso essere utile a questo Scopo facendo la mia parte e affidando il risultato. Questa aspirazione infonde in me il desiderio di impegnarmi quotidianamente nonostante le mie imperfezioni."

99. **Sei diventato un convinto sostenitore riguardo al non fumare e masticare tabacco? E a proposito di Nicotina Anonimi?**

"Vorrei non dire chi sono, anche se credo che qualcuno lo sappia."

"Forse un po', anche se cerco di non esserlo perché potrei allontanare le persone. Meno di un tempo."

"Non è mio compito far sentire gli altri colpevoli a proposito del fumo. I miei amici sanno che faccio parte di Nicotina Anonimi e sono stupiti che un dipendente come me sia stato in grado di smettere e sanno che possono venire con me ogni volta che lo vogliono."

"Mi comporto con discrezione."

"Potrei di nuovo ricadere, devo continuare a recuperarmi. Sto ancora imparando a come portare il messaggio in modo efficace, aiutando, non intralciando."

100. **Quali pensi siano i motivi che fanno tornare le persone alle riunioni?**

"All'inizio è stato l'identificarmi con gli altri e la speranza. Poi, l'amorevole legame che si instaura l'uno con l'altro durante le riunioni; il senso di appartenenza e il desiderio di portare il messaggio."

"Le storie di successo, ma più di tutto avere un posto dove poter condividere i miei problemi è stata la maggiore attrazione. Le medagliette sono state lo strumento che mi ha tenuto in Nicotina Anonimi e le amo."

"Il desiderio di stare bene e superare la dipendenza. La sensazione di sicurezza, di fratellanza e di appartenenza con altri che capiscono."

"Le riunioni sono il luogo dove celebrare il dono e riconoscere i miei sforzi."

"Dare la propria testimonianza al nuovo arrivato sui primi giorni/settimane di libertà è una gioia."

"L'opportunità di fare servizio mi aiuta a dare un valore agli anni sprecati."

"Questo è un Programma di attrazione non di propaganda."

"Sostegno e accettazione. Un posto dove essere rispettati, ascoltati e dove recuperarsi."

101. *Anche se hai un anno o più di astinenza dalla nicotina, partecipi regolarmente alle riunioni di Nicotina Anonimi?*

"Ho partecipato alle riunioni regolarmente per tre anni, poi mi sono trasferito e ho aperto un nuovo gruppo."

"Sì, per fare servizio nel gruppo. Ho capito che ho più possibilità di mantenere la mia libertà dall'ossessione per le sigarette, se restituisco quello che ho ricevuto. Nel servizio c'è la guarigione."

"C'è molto da perdere non andando alle riunioni. Le riunioni sono la mia assicurazione."

102. *Per quanto tempo pensi di avere bisogno delle riunioni?*

"All'inizio avevo bisogno delle riunioni, ora mi piacciono e così continuo ad andarci."

"Lavoro al Programma un giorno alla volta e sono impegnato nel mio recupero. Non penso realmente che mi servano le riunioni per non fumare, ma ne ho bisogno per stare in contatto con le mie emozioni. Non ho altro posto oltre a questo. Inoltre, vado alle riunioni per trasmettere il messaggio, perché sono grato di non fumare."

"Non mi preoccupo di quanto tempo dovrò andare alle riunioni, ma mi preoccupo di tenere il mio gruppo aperto e attivo."

"Ci andrò fino a quando saranno per me un posto dove ricevere e condividere il recupero."

"Per tutta la vita."

"Avrò bisogno delle riunioni fintanto che vorrò restare sobria dalla nicotina."

103. Se ti dovessi trasferire in un posto senza gruppi di Nicotina Anonimi, ne apriresti uno?

"Sì, sia per continuare a relazionarmi con l'Associazione, sia per il mio percorso spirituale."

"Non in questo momento della mia vita, ma probabilmente sì, se sentissi la compulsione a fumare di nuovo."

104. E adesso, come ti senti?

"Sono molto più paziente con le persone, e vedo che in questo momento tutti stiamo facendo del nostro meglio. Sono anche più disciplinato e più determinato. Ho un atteggiamento più positivo, mentre una volta ero cinico e negativo. Ho imparato che ora posso attingere al Potere di cui ho bisogno."

"La stima di me è migliorata e la speranza è una realtà della mia vita."

"Più in pace, felice e in salute."

"E' molto più facile stare in mia compagnia. La gente dice che mi sono ammorbidito."

"Guardando a ritroso, penso che ho realmente iniziato a vivere quando ho smesso di fumare. Questo mi ha permesso di sperimentare nuove cose. Sono diventato più attivo e con più energia e, al tempo stesso, più in pace e più sereno. E' una libertà incredibile."

"Felice di non avere più scuse per fumare. Non sono più schiavo delle sigarette, non ho più sensi di colpa."

"Posso essere lì per tutti coloro che cercano di combattere la dipendenza da nicotina. Smettere di fumare è stata la cosa più saggia che potessi fare nella mia vita."

"Certamente mi sento più in contatto con il Creatore. Mi è piaciuto questo questionario."

"Come mi sento ora è molto importante. Mi sento molto bene già dal primo mattino e durante tutta la giornata. Non mi arrabbio più per le piccole cose e sorrido verso chi lo fa ancora."

"Considero la libertà dalla Nicotina un miracolo. Sono molto grato a Nicotina Anonimi e credo che non ce l'avrei fatta senza il suo aiuto."

Terza Parte

I Dodici Passi di Nicotina Anonimi

1. Abbiamo ammesso la nostra impotenza nei confronti della nicotina e che la nostra vita era diventata ingovernabile.

2. Siamo giunti a credere che un Potere più grande di noi avrebbe potuto ricondurci alla ragione.

3. Abbiamo preso la decisione di affidare la nostra volontà e la nostra vita alla cura di Dio, come noi possiamo concepirLo.

4. Abbiamo fatto un inventario morale profondo e senza paura di noi stessi.

5. Abbiamo ammesso di fronte a Dio, a noi stessi e ad un altro essere umano la natura esatta dei nostri torti.

6. Eravamo completamente pronti a che Dio eliminasse tutti questi difetti di carattere.

7. Gli abbiamo umilmente chiesto di eliminare le nostre deficienze.

8. Abbiamo fatto un elenco di tutte le persone che abbiamo leso e abbiamo deciso di fare ammenda verso tutte loro.

9. Abbiamo fatto direttamente ammenda verso tutte queste persone, quando possibile, tranne quando questo avrebbe potuto recar danno a loro o ad altri.

10. Abbiamo continuato a fare il nostro inventario personale e, quando ci siamo trovati in torto, lo abbiamo subito ammesso.

11. Abbiamo cercato attraverso la preghiera e la meditazione di migliorare il nostro contatto cosciente con Dio, così come noi possiamo concepirLo, pregando solo di farci conoscere la Sua volontà nei nostri riguardi e di darci la forza di eseguirla.

12. Avendo ottenuto un risveglio spirituale come risultato di questi passi, abbiamo cercato di trasmettere questo messaggio ad altri dipendenti da nicotina e di mettere in pratica questi principi in tutte le nostre attività.

I Dodici Passi sono stati stampati e adattati con il permesso dei Servizi Mondiali di Alcolisti Anonimi. Permesso di stampa e adattamento dei Dodici Passi non significa che A.A. li abbia riveduti o che abbia approvato il contenuto della presente pubblicazione o sia affiliata con questo Programma. A.A. è un Programma di recupero dall'alcolismo. L'applicazione dei Dodici Passi e Dodici Tradizioni in relazione a programmi e attività modellata su A.A. ma rivolti ad altri problemi non comporta altro.

Ecco i Dodici Passi di Alcolisti Anonimi:

I Dodici Passi di Alcolisti Anonimi

1. Noi abbiamo ammesso di essere impotenti di fronte all'alcol e che le nostre vite erano divenute incontrollabili.
2. Siamo giunti a credere che un Potere più grande di noi potrebbe riportarci alla ragione.
3. Abbiamo preso la decisione di affidare le nostre volontà e le nostre vite alla cura di Dio, come noi potemmo concepirLo.
4. Abbiamo fatto un inventario morale profondo e senza paura di noi stessi.
5. Abbiamo ammesso di fronte a Dio, a noi stessi e a un altro essere umano, l'esatta natura dei nostri torti.
6. Eravamo completamente pronti ad accettare che Dio eliminasse tutti questi difetti di carattere.
7. Gli abbiamo chiesto umilmente di eliminarle nostre deficienze.
8. Abbiamo fatto un elenco di tutte le persone che abbiamo leso e abbiamo deciso di fare ammenda verso tutte loro.
9. Abbiamo fatto direttamente ammenda verso tali persone, laddove possibile, tranne quando, così facendo, avremmo potuto recare danno a loro oppure ad altri.
10. Abbiamo continuato a fare il nostro inventario personale e, quando ci siamo trovati in torto, lo abbiamo subito ammesso.
11. Abbiamo cercato attraverso la preghiera e la meditazione di migliorare il nostro contatto cosciente con Dio, come noi potemmo concepirLo, pregandoLo solo di farci conoscere la Sua volontà nei nostri riguardi e di darci la forza di eseguirla.
12. Avendo ottenuto un risveglio spirituale come risultato di questi Passi, abbiamo cercato di portare questo messaggio agli alcolisti e di mettere in pratica questi principi in tutte le nostre attività.

PRIMO PASSO

Abbiamo ammesso la nostra impotenza nei confronti della nicotina e che la nostra vita era diventata ingovernabile.

Il Primo Passo non è stato un compito razionale. Era più una sensazione nelle ossa, nel cuore, nello stomaco. Era una strana sensazione dover accettare di essere assuefatti ad una droga. Per la prima volta abbiamo ammesso di doverci arrendere all'idea di non avere alcun controllo nei confronti della nicotina. Abbiamo cominciato ad avere una visione più realistica del potere che la nicotina aveva su di noi e abbiamo visto che il suo controllo su di noi era assoluto.

E' stato molto difficile confessare questa verità a noi stessi, meno difficile è stato ammettere la nostra dipendenza nei confronti della nicotina. Abbiamo fumato e ci piaceva farlo per molte ragioni: perché ci dava un aria sofisticata, ci faceva sentire bene, riduceva lo stress, aiutava a concentrarci, aveva un effetto calmante e così via. Ma per svariate ragioni, la nicotina aveva smesso di esercitare il suo potere: paura per la salute, disprezzo per noi stessi, senso di colpa, pressione da parte di amici. La vita da fumatore era diventata insopportabile. Avevamo pensato di smettere.

Disperatamente avevamo tentato di modificare il nostro modo di fumare: non fumavamo al lavoro o in camera da letto o davanti ai bambini. Fumavamo seduti solo su una sedia particolare o all'aria aperta. Abbiamo cambiato marca di sigarette, usato bocchini per ridurre la quantità di catrame inalata, fumato soltanto "sigarette naturali , fumato soltanto a orari della giornata definiti, con certe persone e durante eventi speciali. Poi, abbiamo deciso di consultare degli esperti. Abbiamo cercato aiuto presso dottori, ipnotisti, psichiatri, agopuntori, libri di auto-aiuto e un numero infinito di programmi per smettere di dipendere dal fumo. Qualche volta siamo riusciti a smettere, ma non siamo mai stati capaci di rimanere puliti a lungo. Niente funzionava.

Profondamente demoralizzati ci siamo rivolti a Nicotina Anonimi come un'ulteriore possibile soluzione. Con nostra grande sorpresa abbiamo trovato persone che non fumavano perché avevano ammesso di non essere in grado di smettere. Avevano accettato la loro totale impotenza nei confronti della nicotina e ci offrivano aiuto invitandoci ad unirci a loro e fare quello che loro facevano. C'era sostegno da parte del gruppo. Come dice il "noi" che troviamo nei Passi, il processo di recupero dalla dipendenza dalla nicotina era ed è un viaggio che non affrontiamo da soli.

Ci siamo resi conto che eravamo dei veri e propri dipendenti e che fumavamo per le stesse ragioni che portano l'alcolista a bere: non potevamo smettere. Con le sole nostre risorse avremmo continuato a fumare, continuato a distruggere i nostri corpi sopprimendo le nostre emozioni, alienandoci dalle nostre famiglie, dai nostri amanti e dai nostri amici.

Entrando a fare parte di Nicotina Anonimi abbiamo ammesso che da soli non saremmo riusciti a risolvere il nostro problema con la nicotina. E dopo innumerevoli tentativi di controllo sulla nostra "abitudine" è stata una liberazione arrenderci e cercare aiuto. Abbiamo imparato a invertire il processo arrendendoci e ammettendo la nostra impotenza. Abbiamo accettato la nostra totale mancanza di controllo sulla sostanza nicotina.

Abbiamo realizzato che fumare era più che una cattiva abitudine: era un sintomo e la nostra vita era fuori controllo e ingovernabile. L'aspetto distruttivo del nostro fumare e la nostra dipendenza andavano oltre il danno evidente che facevamo ai nostri corpi. Più guardavamo al ruolo che la nicotina giocava nelle nostre vite, più ci rendevamo conto di quanto ci controllasse. Il fumare determinava quando prenderci una pausa, quando mangiare, chi sarebbero stati i nostri amici, amanti e soci, come avremmo passato il nostro tempo libero. Non andavamo mai da nessuna parte, né facevamo qualsiasi cosa senza prima aver controllato la nostra riserva di sigarette. Facevamo di tutto per tenere nascosta la nostra dipendenza agli altri e anche a noi stessi con l'aiuto di sciacqui orali, spray, macchine mangia fumo solo per citarne alcune. Alcuni di noi si sono persino nascosti per fumare, evitando la presenza degli amici e dei propri cari, o fumando di nascosto nelle toilette al lavoro. Ma non c'era verso di nasconderci e il solo tentare di provarci era una bugia. La nostra vita era una bugia. Era fuori controllo, ingovernabile.

Capire e sperimentare le due parti del Primo Passo e cioè che eravamo impotenti nei confronti della nicotina e che la nostra vita era diventata ingovernabile è stato l'inizio. Eravamo pronti a affrontare il Secondo Pa

SECONDO PASSO

Siamo giunti a credere che un Potere più grande di noi avrebbe potuto ricondurci alla ragione.

Nel Primo Passo abbiamo ammesso la nostra impotenza. Per alcuni di noi è stata un'ammissione devastante. Abbiamo guardato indietro ai nostri anni di dipendenza dalla nicotina e ai nostri tentativi di smettere; ogni tentativo era fallito. Avevamo capito che non riuscivamo a smettere. Né l'autocommiserazione, né la forza di volontà, né l'analisi della nostra situazione ci aiutavano. Avevamo mancato come dei falliti. Ci siamo chiesti: "Perché non posso smettere quando altri possono?"

Nel Secondo Passo abbiamo cominciato a trovare le risposte alle nostre domande. Avendo ammesso la nostra impotenza personale, abbiamo cominciato a trovare una fonte di Potere più grande di noi, più grande della nostra dipendenza. Nella disperazione e senza capire perché, siamo diventati consapevoli di un'alternativa.

Quelli di noi che avevano già un legame spirituale, guardavano Dio, come noi possiamo concepirLo, come l'alternativa, come fonte di speranza. Quelli di noi che avevano sviluppato un atteggiamento scettico verso la religione, avevano pensato che iniziare a credere in un Potere Superiore non fosse un compito facile. Abbiamo scoperto che la nostra concezione originale di Potere Superiore era fallita. Ci siamo ribellati ad ogni tentativo di convincimento su idee prefissate riguardo a Dio, resistendo ad ogni coinvolgimento in una fede assoluta.

Riconoscendo il nostro scetticismo, abbiamo imparato che non avevamo bisogno di avere una vera e propria definizione di Dio. Abbiamo imparato ad agire come se credevamo, fidandoci anche quando non sapevamo e non capivamo. "Arrivare a credere" era un processo. Non aveva niente a che fare con la logica, la ragione o con le certezze. Aveva invece a che fare con la nostra personale convinzione. Stando con una mente aperta, flessibile e disponibile potevamo permettere che qualcosa di buono accadesse anche per noi.

Con questa consapevolezza abbiamo esaminato la frase "riportarci alla ragione," Avevamo sempre pensato che eravamo abbastanza sani di mente. Ma come potevamo pensare di esserlo se per venti, quaranta, sessanta e più volte al giorno continuavamo a fumare, pur sapendo che ci stavamo uccidendo?

Per prima cosa il concetto di follia ci era sembrato spaventoso, specialmente da applicare a noi stessi. Alle riunioni ascoltavamo le condivisioni degli altri membri. Ascoltare le loro storie fatte di corse pericolose a mezzanotte, del rovistare nei cestini della spazzatura e nei portacenere pubblici, del fumare dalle tube della tracheotomia, ci ha fatto ricordare un comportamento simile al nostro. Avevamo visto la nostra malattia mentale che ci faceva ripetere le stesse azioni, ancora e ancora, con la speranza prima o poi di poter controllare la situazione.

Ammettere la nostra follia nei confronti della nicotina ci avrebbe lasciato nella disperazione, se la nostra volontà fosse stata l'unica soluzione. Da soli non ci sarebbe stata una via d'uscita. Qualcuno, qualcosa—qualche *Potere* - ci doveva aiutare.

Vedevamo il recupero degli altri e ascoltavamo quando ci suggerivano di fermare il nostro pensiero razionale e di dare l'opportunità ad un altro Potere di agire nelle nostre vite. Quando abbiamo cominciato ad ascoltare cosa dicevano, abbiamo trovato speranza. Non eravamo più soli. Questo Potere, il nostro rapporto con Lui e con gli altri sono diventati l'accesso per una vita libera dalla nicotina.

TERZO PASSO

Abbiamo preso la decisione di affidare la nostra volontà e la nostra vita alla cura di Dio, come noi possiamo concepirLo.

Nel Primo e Secondo Passo abbiamo accettato la nostra impotenza, l'incontrollabilità della nostra vita, il bisogno di affidarci ad un Potere più grande di noi e la verità sulle nostre azioni malate.

La nostra dipendenza si sforzava di sopravvivere, la compulsione ci possedeva e sentivamo un'incredibile varietà di spaventosi e scomodi sentimenti: rabbia, vergogna, forte desiderio, disperazione, follia, ripugnanza per noi stessi. Avevamo perso il nostro migliore amico. Eravamo soli a dover affrontare il resto della nostra vita senza la nostra droga.

Ora, eravamo arrivati ad un punto dove ci veniva suggerito di prendere una decisione. Avevamo capito che non ce l'avremmo fatta più e avevamo bisogno di deciderci a chiedere aiuto. Questa decisione era in notevole contraddizione con cosa ci era stato insegnato. Quante volte avevamo sentito dire che dovevamo essere in grado di usare la forza di volontà per liberarci dalla piccola cattiva abitudine del fumo? Da piccoli ci avevano insegnato a contare solo su noi stessi. Avevamo imparato che nessuno avrebbe agito per conto nostro, sapevamo che, se avessimo voluto una cosa fatta bene, avremmo dovuto farla noi.

Sfortunatamente, contare solo su noi stessi si è rivelato insufficiente per *mercanteggiare* con la dipendenza dalla nicotina, infatti questo non ci ha trattenuti dal fumare. Avevamo trovato estremamente difficile chiedere aiuto. Avevamo associato il chiedere aiuto con il dipendere dagli altri e con l'essere deboli. Non eravamo interessati a farci dire come gestire la nostra vita.

Gradualmente, frequentando le riunioni, attraverso l'ascolto degli altri membri e leggendo la letteratura abbiamo cominciato a vedere come la fiducia in noi stessi, di cui eravamo orgogliosi, in realtà era arroganza, sfida, rifiuto, ribellione. Inoltre, abbiamo riconosciuto quanto queste peculiarità erano dannose per noi. Con questa nuova consapevolezza abbiamo capito che chiedere aiuto era un'azione sana e non di debolezza. Abbiamo compreso che essere umili permetteva a qualcosa di buono e potente di insinuarsi in noi e aiutarci. Avevamo bisogno di capire tutto questo per deciderci di chiedere l'aiuto di cui avevamo disperatamente bisogno.

Ci siamo arresi. Attraverso la resa è arrivata la volontà di fare qualsiasi cosa, incluso accettare l'aiuto di qualcosa di bello e meraviglioso. Come disse Bill Wilson, il primo che scrisse i Dodici Passi: "Il nostro comune problema è stato il cattivo uso della volontà, abbiamo cercato di combattere i nostri problemi con essa, invece che tentare di metterla d'accordo con le intenzioni che Dio, come noi possiamo concepirLo, aveva per noi."

Il nostro scopo era trovare un contatto con un Potere Superiore, uno che ci avrebbe aiutato a cambiare le nostre vite e noi stessi. Abbiamo scoperto che attraverso questo contatto eravamo in grado di affidare la nostra volontà e la nostra vita alla cura di Dio, come noi possiamo concepirLo. Abbiamo trovato sostegno e provato un nuovo senso di benessere a livello sia fisico, sia emotivo, sia spirituale.

Abbiamo scoperto che rimanendo vicino al nostro Potere Superiore avremmo sperimentato l'azione del Terzo Passo. Diventavamo sempre meno interessati a noi stessi e ai nostri piccoli piani e disegni e sempre più interessati a vedere come potevamo contribuire alla vita in generale, lasciando che il nostro Potere Superiore si prendesse cura di noi. Appena abbiamo sentito questa nuova Forza fluire in noi, abbiamo sperimentato la serenità. Potevamo affrontare la vita con successo, sentivamo la presenza del nostro Potere Superiore e abbiamo cominciato a non essere più in ansia per il passato, il presente e il futuro. Abbiamo trovato la libertà dall'ego e la saggezza di accettare il volere del nostro Potere Superiore per noi. Lo abbiamo fatto in molti modi, tra cui il ripetere la seguente preghiera del Terzo Passo:

Preghiera del Terzo Passo

Liberami dalla schiavitù dell'ego.

Aiutami nell'abbandono allo spirito.

Guidami a fare del bene in questo mondo e ad essere gentile.

Aiutami per oggi a vincere e ad evitare la gelosia, la rabbia, il risentimento e qualsiasi tipo di pensiero negativo.

Aiutami ad aiutare coloro che soffrono.

Dammi il coraggio di affrontare la vita e di non scappare da essa, di non fuggire da tutti i dolori e dunque anche dall'amore.

Liberami dal fantasticare e dalla paura, ispira e dirigi il mio pensiero oggi, fa' che io mi allontani dal vittimismo, dalla disonestà e da scopi egoistici.

Mostrami la via della pazienza, della tolleranza, della gentilezza e dell'amore.

Prego per tutti coloro che sono stati sgarbati con me e chiedo che sia data loro la stessa serenità che cerco io.

Attraverso l'affidamento al nostro Potere Superiore ci siamo sentiti protetti in modo semplice e sorprendente. Questo ci ha dato rinnovata fiducia e la nostra fede è aumentata. La nostra vittoria sulle difficoltà ci ha incoraggiati a continuare a tornare e abbiamo cominciato ad essere d'esempio anche per gli altri.

QUARTO PASSO

Abbiamo fatto un inventario morale profondo e senza paura di noi stessi

Il Quarto Passo è stato un audace e profondo sguardo dentro la nostra anima un'annotazione di ciò che vedevamo. Lo scopo di questo esercizio è servito a farci conoscere e scoprire le cause del caos nella nostra vita. Nel fare l'inventario ci è apparso un chiaro quadro della confusione e ingovernabilità che ci teneva prigionieri nella nostra dipendenza.

Nel nostro inventario erano incluse anche le nostre buone qualità e i nostri pregi che, avendo appena smesso di fumare, ci era quasi impossibile vedere. La parola "inventario" viene da una parola latina che vuol dire "portare a galla" o "scoprire," Fra le definizioni di "morale" ce n'è una che vuol dire: fare la distinzione fra giusto e sbagliato nella nostra condotta.

Queste definizioni letterali erano delle buone linee guida da ricordare nel fare questo passo. Nel guardarci allo specchio cercavamo di scoprire quali comportamenti e atteggiamenti funzionavano e quali non funzionavano nel nostro modo di vivere la vita.

Secondo le linee guida del Quarto Passo, il nostro inventario morale doveva essere "coraggioso" e "senza paura," Eppure la maggior parte di noi aveva paura ad affrontare questo passo, a causa delle situazioni negative che riempivano la nostra vita. Guardarci dentro con profonda onestà, come richiesto nel Quarto Passo, ci faceva paura. Ci consideravamo persone cattive, fallite, perdenti e impostori, e sinceramente non volevamo affrontare quell'aspetto di noi.

Ma avevano preso la decisione di smetterla con queste nozioni auto-distruttive. Riflettendo sui passi, Primo Secondo e Terzo, abbiamo compreso che avevamo sufficiente energia e che la guida di un Potere Superiore ci avrebbe aiutati a guardarci dentro con onestà. Ci siamo resi conto che non eravamo più soli.

Abbiamo ascoltato membri in Nicotina Anonimi raccontare la loro esperienza con il Quarto Passo e abbiamo scoperto di non essere così disgraziati come pensavamo. Attraverso le loro storie e con l'aiuto del nostro Potere Superiore abbiamo trovato il coraggio di fare un onesto inventario di noi stessi. Ci siamo arresi al nostro Potere Superiore e ci siamo lasciati guidare attraverso il Quarto Passo.

Il Quarto Passo ci dice che l'inventario morale deve essere "profondo," Questo significa accurato. Non esiste un metro di misura magico riguardo a quanto tempo e a quanto profondamente avremmo dovuto guardar dentro di noi. Ma l'inventario doveva essere fatto adesso e al meglio delle nostre capacità.

Non c'era niente che ci spiegasse come doveva essere un inventario giusto o come era uno sbagliato; c'era solo il migliore inventario che potevamo fare. Il miglior modo possibile era quello di farlo in totale onestà, umiltà, franchezza, resa e buona volontà. Doveva essere semplice e accurato. La cosa importante era farlo.

Molti di noi hanno provato dolore nel fare l'inventario del Quarto Passo. Era importante ricordare che la ragione per cui facevamo un inventario non era per causarci del dolore, ma perché cercavamo di capire come avevamo vissuto la nostra vita. Auspicavamo a fare una lista di cosa funzionasse e di cosa non funzionasse in noi, in modo da poter identificare e arrestare gli inutili schemi del nostro passato.

Volevamo capire perché continuavamo a rimanere attaccati a questi schemi e trovare una via d'uscita da quella trappola, sia per essere liberi dal nostro vecchio modo di vivere, sia per essere liberi dalla nicotina. Ci stavamo liberando dal nostro passato in modo da potere vivere oggi, ogni giorno, un giorno alla volta.

Nello stesso modo in cui non c'era una corretta definizione per un "buon inventario," non c'era neanche un modo assolutamente "giusto" di fare l'inventario. Scriverlo era necessario e basilare. Mettere il nostro inventario su carta lo faceva essere più reale e ci dava la certezza che eravamo stati il più possibile profondi e coraggiosi. Qualsiasi cosa ci fosse venuta in mente lo avremmo scritto. L'obbiettivo era di essere precisi, potevamo scrivere qualsiasi cosa, era semplice. Qualunque cosa ci venisse in mente andava scritto sulla lista.

Un metodo di iniziare il Quarto Passo era di rispondere al questionario di Nicotina Anonimi* che appare sulla seconda parte di questo materiale. Il questionario ci può dare una buona indicazione per sapere che cosa traevamo dalla nicotina. Dalle risposte possono emergere certi schemi, nascere delle idee e ulteriormente esplorarle. Un secondo approccio all'inventario era quello di pensare alle cose che ci facevano stare bene e a quelle che ci facevano stare male e a come ci sentivamo al riguardo:

* Perché mi sento così?
* A chi altro ho arrecato danno?
* Fa parte di uno schema?
* Sono responsabile per cosa è successo allora?
* Lo sto ancora ripetendo? Come?

Abbiamo scritto tutto quello che ci faceva stare male. Lo abbiamo analizzato: da dove veniva, come ci faceva sentire, perché eravamo arrabbiati, come gli altri intorno a noi erano coinvolti. Abbiamo chiesto aiuto al nostro Potere Superiore che ci facesse guardare onestamente dentro di noi e ci facesse mettere a confronto con gli altri.

Abbiamo fatto lo stesso con le cose che ci facevano stare bene, iniziando da ciò che avevamo già compiuto: eravamo puliti, non usavamo più la nicotina. Continuavamo a pensare in modo favorevole, ci stavamo lasciando guidare da un Potere Superiore alla scoperta sempre più profonda di noi stessi. Altri trovarono un terzo metodo di approcciarsi al Quarto Passo e cioè fare una lista di persone, istituzioni, principi o eventi che pensavano avessero avuto ruoli importanti nella loro vita, cercando di vedere quale influenza o effetto avessero avuto su di loro.

Questa analisi ci obbligava a guardare persone e eventi che ci avevano condotti verso la paura, il risentimento e l'odio per noi stessi, e per quanto tempo ci avevano fatto rimanere in questa situazione. Abbiamo cercato di scoprire chi o cosa ci faceva sentire o agire in modo negativo. Per alcuni di noi molto di tutto ciò era successo nell'infanzia ed era importante andare indietro il più possibile con i ricordi anche se i dettagli erano confusi. Alcuni di queste immagini sembravano piccole e insignificanti, ma se emergevano, voleva dire che erano importanti e perciò bisognava scriverle. Scrivendo tutto, qualsiasi cosa fosse, ci stavamo liberando del nostro passato.

Per quelli che avevano trovato approssimativa questa lista del terzo metodo ce n'era un quarto più facile. Abbiamo scritto la nostra storia personale interamente e onestamente in modo da vedere cosa ci aveva condotti a questa dipendenza. Da quello che stava emergendo riuscivamo a capire cosa era successo, abbiamo avuto un quadro migliore di dove, perché, come siamo stati danneggiati, e come questo danno abbia influenzato da allora il nostro comportamento.

Non era necessario e forse nemmeno possibile capire dove questa autobiografia ci avrebbe portati mentre la scrivevamo. In altre parole, finché non avessimo finito di scrivere la nostra storia tornando indietro partendo dall'inizio, non saremmo riusciti a vedere i singoli eventi come un disegno più grande, ma con la prerogativa di uno scopo più grande, così che anche quello che ci sembrava una piccola cosa insignificante diventava improvvisamente una parte rilevante di un più nitido progetto.

Molti di noi che avevano già fatto il Quarto Passo, in altri programmi dei Dodici Passi, hanno trovato necessario ripensare agli inventari precedenti, dando una speciale attenzione all'impatto che la dipendenza dalla nicotina aveva avuto nella propria vita. Per esempio, abbiamo visto che la nicotina bloccava i nostri sentimenti e limitava le nostre relazioni con gli altri e il mondo che ci circondava. Ci nascondevamo dietro il nostro schermo di fumo o soffiavamo fumo addosso agli altri, avevamo deformato noi stessi convinti di sembrare originali, in realtà eravamo oppressi dalla nicotina. Perciò, il recupero da altre sostanze, così come per la nicotina, è stato un ulteriore sprone quando abbiamo riconsiderato i nostri inventari precedenti.

Il Quarto Passo ci ha permesso di osservarci più chiaramente, senza giudicarci troppo. Lo scenario che si presentava ci ha aiutato ad eliminare il timore di scoprire quanto eravamo stati terribili. Il Quarto Passo ci ha permesso di farci sentire persone normali più in sintonia con noi stessi e con gli altri.

QUINTO PASSO

Abbiamo ammesso di fronte a Dio, a noi stessi e ad un altro essere umano la natura esatta dei nostri torti.

Con l'inventario del Quarto Passo abbiamo fatto ordine riguardo alla confusione, al caos e alle angosce del nostro passato. Abbiamo fatto una revisione completa della nostra vita. E ora che fare?

Il Quinto Passo ci porta alla libertà dalla sostanza. E' stata la più importante *pulizia di primavera* della nostra vita, il suo scopo era di liberarci da tutte le ragnatele, la lanuggine, i rifiuti e i rottami che avevamo accumulato nel lungo periodo della nostra dipendenza. Questo Passo ci stava rendendo capaci di sostituire tutto questo pattume con un nuovo modo di pensare e di agire. Ci stava rendendo liberi, liberi da tutto ciò che ci poteva impedire di procedere, liberi da tutto ciò che ci aveva intrappolato per tanto tempo nella stretta mortale della nicotina: ci stava liberando dalla schiavitù.

Il successo della pulizia dai rifiuti che otteniamo facendo il Quinto Passo, dipende molto da quanto abbiamo scavato in profondità, mettendo ordine in tutto ciò che abbiamo trovato nello svolgimento del Quarto Passo. Non era sufficiente avere fatto un inventario. Avevamo omesso di mettere nella lista alcune di queste vecchie cose, seppellendole e nascondendole sotto il tappeto. Noi sapevamo dov'erano e speravamo che nessuno potesse trovarle. Ciò nonostante se volevamo avere una casa pulita, certi residui non potevamo continuare a tenerli sotto il tappeto.

L'obiettivo del Quinto Passo era di ammettere ciò che avevamo trovato. Lo abbiamo ammesso prima di tutto a noi stessi. Ma per essere certi che non stavamo imbrogliando, lo abbiamo ammesso anche al nostro Potere Superiore. Non importava che un Dio molto saggio fosse già a conoscenza di tutto ciò, era importante il nostro atto di ammissione e il gesto di umiltà.

Il Quinto Passo ci chiede anche di condividere quanto di noi abbiamo scoperto con un altro essere umano. Per alcuni di noi compiere questo atto provocava più timore e paura che l'ammissione al nostro Potere Superiore. Confessare ad un'altra persona tutti i dettagli delle nostre passate afflizioni è un atto vero, autentico e avvilente. E' necessario uccidere il nostro ego.

L'umiltà è l'anima del Quinto Passo. Solo con l'umiltà scopriamo la vera essenza del nostro essere. Il Quinto Passo ci ha resi coscienti dei nostri limiti. Abbiamo cominciato a diventare umili lasciando andare l'orgoglio e l'arroganza. Abbiamo smesso di fingere, di fuggire, di nasconderci, diventando veri esseri umani.

Il Quinto Passo ci coinvolge intimamente con un'altra persona di cui ci fidiamo. Gli raccontiamo i dettagli più intimi della nostra persona, procedendo con umiltà. Condividere i nostri più intimi segreti con un'altra persona ci permette di rivelare noi stessi completamente e questa azione rende possibile il recupero dalla dipendenza dalla nicotina.

Essere onesti è la strada che ci dà la libertà di essere chi realmente siamo. Ci siamo completamente spogliati di tutto, e stiamo in piedi di fronte alla nostra intrepida nudità, senza le maschere dietro alle quali ci nascondevamo quando eravamo dipendenti dalla nicotina. Quando abbiamo ammesso a noi stessi al nostro Potere Superiore e ad un altro essere umano chi eravamo, siamo diventati liberi dalle difficoltà passate e liberi di amare noi stessi smettendo di distruggerci.

E' necessario essere molto attenti nella scelta della persona alla quale aprire il nostro cuore durante tutto il processo del Quinto Passo. L'obbiettivo di questa esperienza è sincerità e onestà, fiducia e disponibilità. La persona che scegliamo deve essere qualcuno che permetta di sentirci liberi, disponibili il più possibile. Per alcuni di noi questa persona è il nostro sponsor o un altro membro di Nicotina Anonimi. Per altri può essere un sacerdote, un terapeuta o un amico. Qualunque sia la persona che abbiamo scelto deve avere la peculiarità di lasciarci essere totalmente franchi e onesti.

Nel momento stesso in cui iniziamo a condividere i nostri segreti, scopriamo che non eravamo poi così terribili come pensavamo. Mentre condividiamo parole tipo: "... la cosa peggiore che io abbia mai potuto fare ..." viene ridimensionata e anche le cose più terribili, in realtà non sono poi così spaventose.

Abbiamo scoperto che tutte le paure, i tormenti e le mancanze che immaginavamo di avere solo noi, in realtà non eravamo gli unici ad averle. Mentre condividiamo, scopriamo che anche la persona a cui stiamo confidando la nostra storia, sovente ha provato le stesse cose. Così abbiamo capito che i nostri dolori e tormenti sono parte integrante della condizione umana: non eravamo poi così terribili. Eravamo semplicemente comuni e normali esseri umani.

Il Quinto Passo è buttare via l'immondizia; lasciare andare il passato per essere pronti a vivere il presente, avendo dalla nostra una nuova consapevolezza spirituale, che siamo umani e che tutto va bene.

SESTO PASSO

Eravamo completamente pronti a che Dio eliminasse tutti questi difetti di carattere.

Prima di iniziare il Sesto Passo molti di noi hanno trovato utile sedersi per meditare e riconsiderare tutto il lavoro. Abbiamo fatto un esame profondo, abbiamo dovuto lavorare sodo a volte con difficoltà.

Durante la nostra meditazione, riflettiamo sui primi tre passi. Ancora una volta abbiamo accettato di essere impotenti, rinnoviamo la nostra fede e riaffermiamo la decisione presa di affidarci alla cura del nostro Potere Superiore. Abbiamo preso atto che ora siamo più profondamente consapevoli riguardo al nostro bisogno di recupero a tutti e tre i livelli. Dopo aver concluso l'analisi completa della nostra vita nei Passi Quarto e Quinto, il lavoro era stato completato al meglio delle nostre capacità ed eravamo pronti a fare il Sesto Passo.

Il Sesto Passo è un passo di transizione. E' là dove iniziamo veramente a cambiare. Ma avevamo bisogno di capire cosa significasse per noi questo cambiamento. Attraverso il Quarto e il Quinto Passo abbiamo cominciato a conoscerci più profondamente di quanto avessimo mai fatto prima. Ci siamo trovati faccia a faccia con le cose buone di noi e quelle non buone; con i nostri tratti caratteriali, i pregi e i difetti. Abbiamo cominciato a capire che vi erano delle motivazioni riguardo al nostro comportamento. Nel Sesto Passo esaminiamo le ragioni e le motivazioni del nostro comportamento. Con questa maggiore consapevolezza siamo stati in grado di scoprire nuovi modi di soddisfare i nostri bisogni con azioni più salutari. In altre parole eravamo pronti a che Dio, come noi possiamo concepirLo, eliminasse tutti i nostri difetti e i tratti caratteriali che non funzionavano per noi.

Abbiamo visto che ogni nostro difetto aveva due facce. Ognuna di esse poteva farci soffrire, come abbiamo visto nel Quarto Passo, ma poteva anche darci piacere, approvazione o farci evitare stress, paura o dolore. Ora abbiamo imparato come trovare piacere nella nostra vita in un modo più salutare. Abbiamo visto come potevamo ovviare al nostro bisogno di accettazione da parte degli altri senza nuocere a noi stessi. Abbiamo visto che la tensione fisica e la paura, una volta accettate e riconosciute, smettevano di avere potere. La nostra rinnovata fiducia non ha spazzato via il dolore, che pensiamo sia una parte integrante della vita, ma ci ha dato il coraggio per affrontarlo, sentirlo, anziché usare nicotina per soffocarlo o evitarlo.

Mentre facciamo il Sesto Passo, abbiamo trovato fondamentale riconoscere i benefici e le penalità di ogni nostro difetto di carattere. Abbiamo cominciato a capire perché facevamo certe cose e cosa stavamo cercando di ottenere attraverso il recupero. E' arrivata la consapevolezza: non volevamo più avere certi difetti di carattere e certi atteggiamenti.

In un istante ci siamo resi conto che eravamo stati dei giudici severi nei confronti della nostra vita. Questo per aumentare la stima di noi o per coprire sentimenti di inadeguatezza e paura. Ma, allo stesso tempo, abbiamo compreso che questo nostro modo di approcciarci alla vita ci aveva tenuti nell'isolamento. Ci teneva bloccati in un falso atteggiamento di supremazia. Questo comportamento ci aveva privati di lealtà riguardo al nostro relazionarci con gli altri.

Quando abbiamo capito quello che veramente eravamo stati in grado di realizzare, abbiamo cercato di sviluppare nuovi metodi per ottenere gli stessi risultati non troppo distruttivi per noi stessi. Impegnandoci ad avere un'autentica autostima, abbiamo riconosciuto le nostre qualità e puntato su di esse. Non eravamo più concentrati su come ci vedevano gli altri, potevamo permetterci di rifiutare le opinioni altrui, la nostra autostima era determinante.

Nel tentativo di affrontare i nostri sentimenti di inadeguatezza e paura, abbiamo cominciato a realizzare che questi erano normali sentimenti umani. Abbiamo riconosciuto e accettato i nostri limiti. A volte eravamo troppo vecchi, altre volte troppo giovani ma, non eravamo né superman né wonder woman, non potevamo fare tutto e tutto sommato vivevamo in un mondo pericoloso e la paura era legittima.

Una volta compreso che questi sentimenti erano accettabili, abbiamo cominciato a vederli in un modo diverso. Abbiamo esaminato cosa ci faceva sentire inadeguati e abbiamo capito cosa ci spaventava. Con questa nuova consapevolezza generata dalle nostre fatiche e con l'aiuto del nostro Potere Superiore, eravamo pronti ad affrontare le situazioni in un modo migliore e a ridurre o eliminare completamente questi sentimenti di paura e inadeguatezza.

Quando abbiamo cominciato a comprendere il concetto di essere "pronto ad accettare che Dio, come noi possiamo concepirLo, eliminasse tutti questi difetti di carattere, eravamo in grado di prendere in considerazione il "completamente pronti," Abbiamo cominciato a desiderare di lasciarci andare e ad essere disposti a cambiare. Il termine "completamente" era l'obbiettivo per il quale stavamo lavorando.

Eravamo stimolati dal concetto che cercavamo il progresso e non la perfezione. Siamo tornati indietro, al Terzo Passo, quando avevamo deciso di rimetterci alla cura di Dio, come noi possiamo concepirLo, e abbiamo rinnovato il nostro proposito di affidare a Lui la nostra intera vita e la nostra volontà.

Nel Sesto Passo ci siamo spostati di qua e di là riguardo al nostro modo di vivere. Abbiamo imparato la differenza tra vivere radicati nel passato o lasciarlo andare. Abbiamo imparato a smettere di vivere nel dolore di ieri e iniziato a vivere nella gratitudine un giorno alla volta. Ora eravamo sinceramente pronti, con consapevolezza, a chiedere l'aiuto di Dio.

SETTIMO PASSO

Gli abbiamo umilmente chiesto di eliminare le nostre deficienze.

Proprio alla metà del percorso dei Dodici Passi, dopo il sollievo provato per aver ammesso di essere impotenti nei confronti della nicotina e dopo uno scrupoloso inventario morale, siamo stati disposti a chiedere a Dio che eliminasse tutti i nostri difetti di carattere. Gli abbiamo chiesto di liberarci dagli ostacoli che noi stessi avevamo costruito e che ci rendevano infelici, impauriti e soprattutto incapaci di affrontare la vita senza la nostra droga: la nicotina.

Questo passo ci dice soltanto di chiedere umilmente a Dio di eliminare i nostri difetti. Pensiamo ora alla parola "umiltà". Alcuni di noi sollevano obiezioni su questa parola, perché è troppo simile a "umiliare e "umiliazione," Queste parole ci sembravano avere una carica troppo negativa. Abbiamo capito che la parola "umilmente non voleva dire sminuirsi, ma significava vederci per ciò che eravamo realmente. Abbiamo riconosciuto il nostro Potere Superiore come l'essenza più alta, più integra e più compassionevole di noi stessi. Abbiamo toccato con mano che il nostro Potere Superiore era di più e che noi eravamo irrilevanti. Noi, però, non eravamo inferiori nel senso negativo del termine, noi siamo semplicemente di meno rispetto al nostro Potere Superiore. Questo è il modo corretto di comprendere l'umiltà. E' l'accettazione dei nostri reali limiti umani.

Accettare i nostri limiti o la nostra totale umanità è un processo differente da quello di riconoscere i nostri difetti di carattere così come abbiamo fatto nel Quarto Passo. Andando avanti nel nostro percorso di recupero dal Quarto Passo al Sesto Passo abbiamo individuato, ammesso ed infine deciso di prendere le distanze da tutti quei difetti. Li abbiamo chiamati "inventario" nel Quarto Passo, "sbagli" nel Quinto Passo e "difetti" di carattere nel Sesto Passo. Qualsiasi nome applicassimo a questi schemi di comportamento non corretti, abbiamo scoperto che la nostra dipendenza era al primo posto. Ci siamo resi conto che la colpa o la vergogna che provavamo per i nostri difetti di carattere era uno dei motivi per il quale fumavamo. Accettando questi difetti come normali e umane debolezze e come reazioni ai nostri istinti naturali siamo diventati consapevoli delle nostre imperfezioni. Ci siamo resi conto che i nostri precedenti modelli di comportamento non avevano funzionato né per noi né per gli altri. Ora possiamo vedere con chiarezza tutto ciò che ha reso ingovernabile la nostra vita.

Ripensiamo al Secondo Passo dove siamo giunti a credere che un Potere più grande di noi ci avrebbe riportato alla ragione. Ebbene, anche qui, in questo passo chiediamo al nostro Potere Superiore di fare questo. Adesso, dopo aver guardato onestamente ai nostri difetti di carattere, siamo pronti ad affrontare il Settimo Passo.

Molti di noi hanno iniziato questo passo dicendo queste parole: *"Mio Creatore, metto tutto me stesso nelle tue mani e con umiltà ti chiedo di essere liberato dai miei difetti di carattere in modo che possa essere d'aiuto agli altri. Per favore dammi la buona volontà, il coraggio e la forza affinché attraverso le mie azioni io possa manifestare il tuo amore e la tua saggezza. Amen."*

Abbiamo scoperto che ci sono molti modi di compiere questa azione. Un modo che per molti di noi ha funzionato, è stato pregare ad alta voce in una stanza silenziosa dove si potesse udire ciò che stavamo dicendo e si potesse riflettere su ciò che avevamo detto. Pregare a letto o quando suona la sveglia o appena alzati pare funzioni molto bene. Anche pregare in ginocchio funziona. L'importante è dire queste preghiere con parole nostre. Queste parole possono essere la base di un importante momento di meditazione quotidiana; da sole o accompagnate da altre preghiere o affermazioni.

Abbiamo capito che queste parole possono fare molto di più che farci semplicemente iniziare la giornata in modo sicuro. Esse possono calmare un nostro stato emotivo per un tempo lungo abbastanza da farci dimenticare lo stimolo di fumare. Quando ci fermiamo a pensare a quante volte la nostra decisione di non fumare è crollata di fronte a situazioni difficili o intense emozioni, diventiamo consapevoli dei nostri limiti. Il Settimo Passo fortifica la nostra consapevolezza riguardo all'impotenza nei confronti della nicotina e la nostra disponibilità a chiedere aiuto.

Per noi chiedere aiuto era spesso difficile. Credevamo di essere completamente sufficienti a noi stessi e indipendenti. Essere disposti a vedere che avevamo bisogno di aiuto, essenziale per fare il Primo Passo, ci ha lasciati con un senso di vuoto. E quando abbiamo cominciato a mettere in pratica il Secondo Passo che questo vuoto è stato riempito della fede in un Potere più grande di noi. Con grande sorpresa. abbiamo capito che la decisione di arrenderci di fronte alla nostra volontà malata e la nostra disponibilità a chiedere aiuto ad un Potere Superiore o ad altri esseri umani era un evento liberatorio. Non solo rimuoveva l'ansia irreale che ci eravamo messi addosso, ma cominciavamo a crescere. Infatti, la crescita inizia con il cambiamento. Lasciamo che sia un Potere Superiore a rimuovere questi difetti di carattere. Impariamo che la decisione, se e quando saranno rimossi, spetta al nostro Potere Superiore e non a noi.

Mentre si intensifica il nostro contatto cosciente con il Potere Superiore, abbiamo fiducia che accresca la conoscenza del suo volere nei nostri riguardi. Forse in questo modo cominceremo a capire perché il nostro Potere Superiore ci lascia il libero arbitrio. Dopo tutto noi avevamo preso la decisione di affidare la nostra volontà e la nostra vita alla cura di Dio, *come noi possiamo concepirLo*.

La nicotina come è stata descritta da molti è infida, potente, paziente e crea confusione. Non siamo mai liberi dalla nostra dipendenza. Mettendo in pratica il Settimo Passo e recitando la preghiera del Settimo Passo chiediamo al nostro Potere Superiore che ci dia la buona volontà, il coraggio e la forza affinché attraverso le nostre azioni siano espressi il Suo amore e la Sua saggezza.

OTTAVO PASSO

Abbiamo fatto un elenco di tutte le persone che abbiamo leso e abbiamo deciso di fare ammenda verso tutte loro.

Un giorno alla volta, abbiamo continuato il nostro viaggio, cercando di smettere di dipendere dalla nicotina. Nell'Ottavo Passo ci prepariamo a fare ammenda verso coloro che avevamo danneggiato, diventando disponibili a chiedere scusa. L'intenzione di questo passo è di raggiungere la libertà dalla colpa delle nostre azioni passate e imparare a relazionarci con il prossimo.

Descriviamo il "male in tutte le sue manifestazioni: fisico, emotivo—psicologico, spirituale, causato dalle azioni che abbiamo fatto agli altri. Se prendiamo il nostro Quarto Passo, possiamo già trovare una lista di persone con cui abbiamo agito in modo scorretto. Molti di noi usano questa lista come punto di partenza per l'Ottavo Passo. Abbiamo analizzato l'intera area delle nostre relazioni personali e, andando indietro con la memoria, abbiamo cercato le persone che avevamo danneggiato. Dai rapporti che di recente abbiamo compromesso ai ricordi più remoti che emergono. Andiamo indietro nella nostra storia chiedendo al nostro Potere Superiore di guidarci e di indirizzarci e mettiamo su carta i nomi di queste persone.

Mentre prepariamo la lista delle ammende, qualche volta la nostra mente tenta di alleggerire i nostri pensieri con ogni sorta di raziocinio, specialmente se cerchiamo di anticipare l'azione del fare ammenda che, invece, si concretizza nel Nono Passo. L'Ottavo Passo dice di fare solo una lista di persone a cui dobbiamo delle scuse e di essere disponibili. Questo non è il passo esplicito delle ammende. Rimaniamo concentrati sull'Ottavo Passo e lavoriamo al Nono Passo a tempo debito.

Così come abbiamo fatto una lista di persone alle quali dobbiamo chiedere scusa, tiriamo fuori anche i torti, presunti o reali, che gli altri hanno fatto a noi. Lo scopo non è quello di giudicare il comportamento degli altri, ma di guardare la nostra parte. Dobbiamo metterci in testa che, per pulire la nostra strada dalle macerie del passato, non dobbiamo colpevolizzare, rendendo responsabili gli altri delle loro malefatte.

Alcune situazioni di male arrecato erano direttamente collegate al nostro uso di nicotina. In modo particolare siamo stati egoisti e sconsiderati nei riguardi della nostra famiglia, amici e colleghi. Abbiamo visto l'impatto che il fumo passivo aveva avuto sulle persone che stavano vicino a noi, persone che conoscevamo o che si trovavano casualmente sul nostro cammino. Abbiamo visto l inquinamento che abbiamo provocato con i nostri mozziconi lasciati nelle strade e nei sentieri di montagna. Abbiamo visto il male subdolo causato alle nostre relazioni usando le sigarette come una barriera all'intimità e creando una coltre di fumo per tenere una distanza emotiva tra la nostra vita e quella degli altri. Qualora il nostro fumare avesse generato danno fisico, come bruciature da sigaretta, nella lista scriviamo anche le cose che dobbiamo rendere.

Abbiamo preso nota anche del male causato non direttamente dall'uso di nicotina: questo include i danni causati dalla paura, dalla rabbia, dall'orgoglio e da altri tratti caratteriali che abbiamo analizzato nel nostro Quarto Passo.

Alcuni di noi hanno capito che era importante mettere se stessi nella lista delle ammende; dato che il danno maggiore, fatto dall'uso di nicotina assieme ai difetti che accompagnano la nostra dipendenza come bassa autostima e isolamento, lo avevamo arrecato a noi stessi.

Avremmo continuato a fare pochi progressi nel nostro nuovo modo di vivere, fino a quando non fossimo tornati indietro e non avessimo fatto un accurato e spietato esame delle macerie del nostro passato. Prima non lo sapevamo, perché non eravamo in grado di sviluppare relazioni sane finché non siamo diventati più puliti verso noi stessi, verso Dio, verso un altro essere umano e verso tutte le persone coinvolte e trascinate nella nostra irruente personalità.

E' stato un lungo periodo di restauro. Non serviva il nostro rimuginare, brontolare, borbottare, procrastinare. Uno sponsor o un amico fidato ci ha aiutato a raggiungere l'obbiettivo nel prepararci a fare ammenda verso tali persone. Non abbiamo esitato a cercare consiglio e chiedere a Dio, come noi possiamo concepirLo, di darci la buona volontà di procedere con il Nono Passo.

NONO PASSO

Abbiamo fatto direttamente ammenda verso tutte queste persone, quando possibile, tranne quando questo avrebbe potuto recar danno a loro o ad altri.

L'Ottavo e Nono Passo sono le imprese che ci portano verso l'armonia con il mondo intero. Finora abbiamo fatto le pulizie di casa nostra, che sono state essenziali, fondamentali, profonde e riflessive.

Abbiamo fatto le nostre ammende, una alla volta, con attenzione e comprensione. Abbiamo preso uno ad uno ogni nome dalla lista dell'Ottavo Passo e ci siamo fermati a riflettere riguardo alla natura del danno arrecato ad ogni persona. Era arrivato il momento di cercare di metterci nei panni di quella persona e di capire come in passato ci eravamo relazionati con lei o lui. Come ci è sembrato il nostro misero comportamento? Come è cambiato il suo modo di relazionarsi o come è cambiata la sua personalità a causa di ciò che avevamo fatto? Le abbiamo fatto perdere fiducia nel prossimo in generale? Cominciamo a chiederci quanto sia stato negativo il nostro impatto sugli altri o la nostra influenza.

Questa riflessione di solito ci procurava impazienza e voglia di mettere le cose a posto velocemente. Ma cominciare a vedere le cose da un'altra prospettiva ha provocato in noi una presa di coscienza improvvisa del dolore, del disagio e della disapprovazione che le nostre azioni avevano causato. Nonostante tutti questi sentimenti siamo riusciti a fare ammende fatte con il cuore e non abbiamo permesso che questa consapevolezza ci portasse a morbose considerazioni o a rimorsi. Siamo stati guidati in un proficuo cammino di azione, che è lo scopo di questo passo.

Il migliore antidoto al rischio di eccedere è stata la pazienza, stare con la mente aperta e un atteggiamento di umiltà. Ora che siamo consapevoli del danno fatto in passato, chiediamo a Dio di guidarci per fare ammende nel modo migliore possibile. Abbiamo chiesto al gruppo e trovato persone che avevano fatto lo stesso tipo di ammenda. Abbiamo chiesto ai nostri sponsor e abbiamo avuto fiducia nel nostro Potere Superiore che avrebbe guidato i nostri pensieri e azioni su come procedere.

Abbiamo contattato le persone verso le quali dovevamo fare ammenda e abbiamo parlato loro della nostra dipendenza dalla nicotina e che ci stavamo recuperando attraverso il Programma spirituale di Nicotina Anonimi. Il Programma sottolinea il fatto che dovevamo riparare gli errori fatti in passato e recuperare i rapporti con le persone che avevamo danneggiato. Quello era il motivo per il quale eravamo lì.

Avevamo bisogno di spiegare in modo appropriato e dettagliato il danno che avevamo arrecato. Anche se questa azione non sempre ha avuto un immediato riscontro, gli effetti positivi si sono poi manifestati a lungo termine. Se abbiamo causato danni materiali, ci siamo offerti di risarcire le perdite, anche se il danno causato è stato il più delle volte di natura emotiva e spirituale. Nel caso di danno emotivo ci siamo scusati e abbiamo spiegato che ora stavamo cercando di vivere in un modo più onesto e in armonia col prossimo. Spesso chiedere scusa non era abbastanza. Talvolta le persone a cui stavamo facendo ammenda erano scettiche, specialmente se in passato avevamo già chiesto scusa, mossi dal rimorso e promesso che i nostri atteggiamenti sarebbero cambiati e poi semplicemente eravamo tornati a comportarci come prima. Era necessario cambiare le nostre azioni e fare ammende di vita. Fare ammende di vita significa essere garbati e cortesi con gli altri, come avevamo promesso. Non era abbastanza scusarci per le nostre azioni passate e evitare di ripeterle nel presente; ora dovevamo agire in modo sano verso gli altri e cercare di stabilire rapporti equilibrati con tutti quelli con cui ci relazionavamo. Rapporti duraturi passano attraverso relazioni solide costruite nel tempo.

Ci siamo di nuovo ricordati di fare il nostro inventario e non quello degli altri. Abbiamo parlato di quello che avevamo fatto noi e non di quello che avevano fatto gli altri. Anche se eravamo convinti che l'altra persona aveva contribuito per il 90% al problema e noi eravamo la causa solo al 10% della situazione, parliamo di questo 10% di cui siamo responsabili. Noi eravamo lì per pulire solo il nostro lato di strada. Se l'altra persona, in uno spirito di riconciliazione, dovesse parlare delle sue azioni noi, semplicemente, ascoltiamo e ringraziamo per la sua condivisione. Non giudichiamo, non critichiamo e non discutiamo.

Potrebbe succedere che le persone che abbiamo chiamato ci rispondano con rabbia invece che in pace. In ogni caso non cerchiamo di far valere il nostro punto di vista. Accettiamo i loro sentimenti e comunichiamo la nostra speranza in un perdono futuro e lasciamo questa persona nelle mani di Dio.

Sicuramente non abbiamo fatto ammenda quando questa avrebbe potuto creare danno o dolore alle persone interessate. Non abbiamo rivelato segreti che ci avrebbero fatto sentire bene nel confessarli, ma che avrebbero creato dolore agli altri. Abbiamo evitato di scaricarci emotivamente di cose che avrebbero sollevato solo noi stessi.

Spesso il nostro comportamento egocentrico aveva causato danno a gruppi di persone o a persone completamente sconosciute che avevamo incontrato. Persone che avevano sopportato il nostro fumo in spazi ristretti come gli ascensori o che ci avevano visto buttare via i mozziconi di sigaretta lungo sentieri di montagna. In ognuno di questi casi abbiamo compreso che dovevamo fare ammenda al mondo in generale. Abbiamo cominciato a cercare in quale modo potevamo ripagare il mondo del danno fatto. Potevano fare il volontario in un gruppo per il recupero dell'ambiente, fare servizio in Nicotina Anonimi o qualunque altra attività al servizio della comunità.

In alcuni casi non potevamo fare direttamente ammenda alle persone che avevamo danneggiato. Forse perché erano morte o avevamo perso i contatti o rifiutavano di vederci. In questi casi abbiamo capito che "fare ammenda al mondo in generale" era un'idea che poteva funzionare. Se siamo figli di genitori già morti, possiamo compiere delle buone azioni nei confronti di persone simili; adottiamo—amiamo—confortiamo una persona anziana. Se non possiamo interagire con persone a cui abbiamo arrecato danno, facciamo ammende di vita con qualcuno in relazione con loro.

Mentre spieghiamo che cosa stiamo facendo, nominiamo Nicotina Anonimi e cosa questo Programma sta facendo nella nostra vita. In ogni caso, il nostro scopo non è spiegare il Programma o la nostra nuova ritrovata spiritualità. Se parlare di Programma o di Dio metteva la persona a disagio, non dovevamo rendere difficile la situazione ma andare avanti nel nostro compito delle ammende.

Ci vuole tempo per fare le ammende. Qui abbiamo compreso la pazienza. C'è voluto coraggio e buona volontà per procedere secondo i principi del Programma senza sapere l'esito dell'azione. Abbiamo pianificato le nostre azioni, agendo con determinazione, accettando risultati e conseguenze che ne sarebbero derivati. Siamo andati avanti con la consapevolezza che questo lavoro non solo ci serviva per stare lontani dalla nicotina, ma che ci avrebbe aiutato ad avere rapporti sani con gli altri e portato fuori dalla solitudine e dall'isolamento.

Abbiamo fatto del nostro meglio per risanare la situazione a livello sia emotivo sia materiale, laddove i nostri rapporti si erano interrotti a causa del danno arrecato. Abbiamo cominciato a vedere il mondo in una nuova luce. Ora eravamo in grado, attraverso le nostre azioni personali, di portare beneficio al mondo intero più di quanto avessimo mai potuto immaginare. Come risultato della nostra ammissione di impotenza nei confronti della nicotina, abbiamo riconosciuto la nostra forza. Durante questa analisi, piano piano abbiamo scoperto che la tolleranza e la comprensione nei confronti degli altri era aumentata e per la prima volta abbiamo sentito che il nostro posto nel mondo era davvero confortevole.

DECIMO PASSO

Abbiamo continuato a fare il nostro inventario personale e, quando ci siamo trovati in torto, lo abbiamo subito ammesso.

Nei primi nove passi ci siamo focalizzati nel riconoscere e risolvere i problemi del passato. Abbiamo affidato la nostra vita e la nostra volontà alla cura di Dio. Abbiamo preparato il terreno per muoverci con gioia e in autonomia per il resto della nostra vita.

Il Decimo Passo ci aiuta a verificare quotidianamente i nostri progressi con questo nuovo modo di vivere. Su base quotidiana, continuiamo ad esaminare i nostri comportamenti verso noi stessi e gli altri. Individuiamo qualsiasi problema che riguardi il nostro comportamento in tutti campi della nostra vita, ogni giorno. Facciamo ammenda verso chiunque possiamo aver offeso, ringraziamo Dio e noi stessi per i nostri progressi.

Questo passo ci aiuta ad essere onesti con noi stessi, con gli altri e con Dio. Comportamenti e atteggiamenti sani sono fondamentali per il recupero dalla dipendenza dalla nicotina. Attraverso questo passo ci viene data l'opportunità di continuare a mantenere l'impegno di apertura verso l'onestà, l'umiltà e l'amore per noi stessi e per gli altri; è la nostra via per la pace e la serenità. Esso ci porta ad una intimità più trasparente verso noi stessi, gli altri e Dio. Il Decimo Passo ci aiuta ad avere un comportamento più corretto, essenziale per continuare ad essere astinenti dall'uso di nicotina.

Il Decimo Passo ci chiede continuamente di essere attenti a come il nostro agire influenza la nostra vita e quella delle persone intorno a noi. Questo ci aiuta ad essere consapevoli di quanto il nostro recupero sia importante per gli altri e di quanto quello degli altri sia importante per noi. Impariamo ad essere responsabili del modo in cui ci relazioniamo con gli altri e a vivere con mente aperta, onestà e sincerità. Il Decimo Passo ci fa comprendere che questi valori sono la base per il nostro recupero.

Se lavoriamo su questo passo quotidianamente e con costanza, avremo un grande giovamento, mentre procediamo nel recupero dalle nostre insufficienze. Esso può mostrarci quanto spesso facciamo ammenda senza prima aver realmente cambiato il nostro modo di comportarci. Iniziamo a vedere la nostra resistenza al cambiamento verso l'onestà, l'umiltà e impariamo a stare con la mente aperta. Diventiamo capaci di vedere la lotta interiore, soprattutto quando non vogliamo ammettere i nostri torti o chiedere scusa per un'azione che ha ferito qualcuno. Perseverare nel riconoscere le nostre resistenze può portarci all'umiltà necessaria a chiedere aiuto.

Il Decimo Passo ci aiuta a continuare a tenere pulito il nostro lato della strada e a restare focalizzati su noi stessi. Quando riusciamo a farlo, siamo certi che siamo sulla giusta via. La nostra fede viene rafforzata e le promesse di serenità e la salute della mente si realizzeranno.

UNDICESIMO PASSO

Abbiamo cercato attraverso la preghiera e la meditazione di migliorare il nostro contatto cosciente con Dio, così come noi possiamo concepirLo, pregando solo di farci conoscere la Sua volontà nei nostri riguardi e di darci la forza di eseguirla.

Avevamo speso la nostra vita ad alzare muri fuori di noi e dentro di noi. Eravamo stati molto abili a creare una coltre di nebbia fumosa tra noi e il nostro Potere Superiore e per molto tempo siamo stati incapaci di vedere i segni del nostro Potere Superiore. L'Undicesimo Passo è il Passo che dobbiamo fare per poter spazzare via la fuliggine, guardarci dentro e relazionarci con chiarezza e serenità con Dio. L'Undicesimo Passo rafforza il contatto cosciente con il nostro Potere Superiore. Ora prendiamo questo passo e dividiamolo in piccoli segmenti, questo aiuterà ad esaminarlo meglio.

"Abbiamo cercato attraverso la preghiera e la meditazione ..."
Ogni persona deve trovare una personale definizione di cosa significa pregare. Secondo il punto di vista di alcuni, la preghiera è come "una profonda percezione intuitiva." Per altri è come parlare profondamente con il proprio Sé superiore o con Dio. Alcuni di noi avevano già stabilito una forma di preghiera prima di entrare nel Programma. Queste persone molto probabilmente non hanno avuto problemi a iniziare ad avere un contatto con il Potere Superiore. Altri invece trovano difficile se non impossibile pregare. La cosa importante è fare qualsiasi cosa che possa essere di sostegno per rafforzare questo legame tra noi e il Potere Superiore. Le persone che hanno difficoltà a pregare possono chiedere aiuto ai membri anziani di Nicotina Anonimi. Uno sponsor potrebbe essere un importante appoggio a questo punto del proprio cammino per condividere la propria esperienza, forza e speranza.

Non esistono preghiere giuste o sbagliate, modi di pregare o posti dove pregare; cruciale è cercare di comprendere la volontà del nostro Potere Superiore. Qualsiasi cosa funziona, se lo facciamo funzionare, senza preoccupazione del giudizio degli altri. Alcuni sentono che stanno pregando solo se si mettono in ginocchio e assumono un atteggiamento di umiltà nei confronti del Potere Superiore. Altri pregano mentre vanno al lavoro, guidano la propria auto, fanno jogging. Si è dimostrato molto utile iniziare la giornata con alcune preghiere, chiedendo a Dio la guida e la direzione dei nostri pensieri e azioni secondo il Suo disegno. La sera, prima di andare a dormire, possiamo prenderci un po' di tempo per fare mentalmente una lista delle cose di cui dobbiamo essere grati per oggi: un altro giorno liberi dalla nicotina, la nostra salute, gli amici, siamo amati da qualcuno, abbiamo un lavoro, una casa, ecc.... Possiamo riflettere sui cambiamenti che sono accaduti nella nostra vita da quando abbiamo smesso di fumare e abbiamo iniziato a evitare atteggiamenti egocentrici e egoistici.

Nel passato avevamo pregato Dio solo per chiedere cose specifiche o per avere delle risposte. Ora chiediamo a noi stessi: "Come posso chiedere che venga esaudita una specifica cosa, se per primo non so cosa sia meglio per me o qualcun altro?" L'accettazione, non il controllo, è la chiave. Quando chiediamo cose specifiche, non stiamo lasciando andare e non stiamo lasciando fare a Dio. Se adottiamo una condotta di "Sia fatta la tua volontà e non la mia," avremo molto più di quanto mai avremmo sognato di avere. Invece che chiedere a Dio cosa vogliamo, ci impegniamo ad offrire noi stessi come servitori pronti a fare la Sua volontà.

Come per la preghiera, anche per la meditazione ogni persona può trovare tranquillamente la propria via. La meditazione ci porta ad essere più aperti e ricettivi. Ci aiuta ad andare dentro noi, ci calma, ci libera; così che Dio possa entrare e colmarci. Sederci con tranquillità davanti ad una candela può produrre dentro di noi uno stato di pace interiore e calmarci. Si può stare seduti da soli su una spiaggia isolata, sotto un albero in montagna o ad un tavolo in cucina. Un modo per iniziare la meditazione è cominciare ad ascoltare il proprio respiro, quando si inspira e quando si espira. Lasciamo lavorare il diaframma e guardiamo cosa succede. Un altro strumento che alcune persone usano è quello di visualizzare Dio nel proprio cuore. Lasciamo che Dio si espanda tutto attorno al nostro corpo, nella stanza, nel mondo.

"... di migliorare il nostro contatto cosciente con Dio ..."
Qualunque sia il modo in cui facciamo l'Undicesimo Passo, l'importante è che continuiamo a farlo. Questo passo è un passo d'azione. Quando iniziamo a fare l'Undicesimo Passo anche per pochi minuti al giorno, impariamo che è possibile avere un rapporto con il nostro Potere Superiore in qualunque momento del giorno o della notte. Sembra difficile, ma è possibile. Molti membri di Nicotina Anonimi pensano che essere sempre più in contatto con il proprio Potere Superiore li faccia diventare sempre più sereni.

Alcuni hanno scoperto l utilità di alcuni espedienti per avere un costante contatto con Dio, eccone alcuni:

• Chiedere aiuto a Dio sulle decisioni da prendere.
• Fare azione ogni giorno come se fosse un regalo a Dio.
• Avere una propria immagine di Dio (fiamma, candela, oceano) e immaginare questa icona il più reale possibile.
• Pensare a noi stessi come strumenti nelle mani di Dio.
• Ripetere gli slogan del Programma.
• Pensare a noi stessi come una particella nel corpo del nostro Potere Superiore o una stella nell'universo.

"... come noi possiamo concepirLo ..."
Dobbiamo trovare, conoscere e comprendere un Dio, un Potere Superiore che funzioni per noi. Non ci sono regole. Dio può essere una voce interiore, la natura, un'altra persona, una pietra. Il Programma funziona solo se siamo disposti a guardare la nostra parte e realizzare per oggi questa esperienza con Dio.

E' utile ricordare che cercare e comprendere Dio è un percorso, non un caso. Abbiamo tutta la vita per cercare Dio, per intenderLo e per avere delle risposte. Non c è fretta, oggi è abbastanza. Dio ci dà ciò di cui abbiamo bisogno e ci aiuta a fare ciò che abbiamo bisogno di fare.

"... pregando solo di farci conoscere la Sua volontà nei nostri riguardi ..."
Come facciamo a comprendere cosa Dio vuole per noi? Talvolta può essere facile pensare che Dio non voglia *quella cosa lì*. Non può di certo volere che continuiamo a usare nicotina. L'uso di nicotina ci tiene lontano da Dio. Smettere di usare questa sostanza ha iniziato ad avvicinarci a Dio.

Se ci concentriamo sulla volontà di Dio e agiamo secondo essa, i nostri desideri malati e il nostro egoismo diminuiranno. Diventeremo più sereni e vivremo la nostra vera essenza. Capiremo che i frutti delle nostre azioni sono di Dio e non nostri. Saremo sempre più coinvolti nell'azione e meno concentrati sul risultato. La vita può essere più semplice, se lasciamo da parte l'ego e continuiamo fermamente a rivolgere il nostro cuore e la nostra vita alla cura del nostro Potere Superiore.

"… e di darci la forza di eseguirla …"

L'ultima cosa che ci suggerisce l'Undicesimo Passo è di pregare per avere la forza di fare la Sua volontà. Alcuni vedono questa energia come forza, buona volontà, accettazione, coraggio e impegno. Altri mettono insieme tutte queste cose e la chiamano fede. Fede non significa stupidità o cecità. Fede significa accettare con occhi e cuore aperti la nostra vita futura, sapendo che saremo protetti e avremo ciò di cui abbiamo bisogno. Qualcuno dice che la fede è il nostro relazionarci con Dio. Avere fede richiede di lasciarsi andare e lasciare fare a Dio. Una volta avevamo le nostre vecchie abitudini e desideri, oggi abbiamo bisogno di aggrapparci a qualcosa di diverso. L'undicesimo Passo ci suggerisce di attaccarci al nostro Potere Superiore, di coltivare la fede e procedere secondo il disegno di Dio.

Nessuno è perfetto, ma, se le nostre intenzioni verso il nostro Potere Superiore sono oneste e non egoistiche, l'Undicesimo Passo ci porterà ad una profonda e costante serenità.

DODICESIMO PASSO

Avendo ottenuto un risveglio spirituale come risultato di questi passi, abbiamo cercato di trasmettere questo messaggio ad altri dipendenti da nicotina e di mettere in pratica questi principi in tutte le nostre attività.

Il tema del Dodicesimo Passo è la nostra nuova vita ritrovata—la libertà, la gioia e la serenità che abbiamo riscoperto attraverso il nostro risveglio spirituale. Il potere del Dodicesimo Passo è che esso provvederà a guidarci per il resto della nostra vita. Ci sono tre componenti in questo Passo. Il primo è "il risveglio spirituale": si riferisce al cambiamento nonostante il nostro passato. Il secondo e il terzo sono: "portare il messaggio" e "mettere in pratica questi principi," che rappresentano la guida per il nostro futuro.

Se guardiamo il percorso compiuto e dove abbiamo messo in pratica i passi precedenti, non possiamo non accorgerci del nostro continuo sviluppo e del nostro risveglio spirituale. C'è stato un continuo progredire con piccoli cambiamenti. Non è stato uno sforzo di poco conto riconoscere l'incontrollabilità della nostra vita che la dipendenza della nicotina provocava e imparare ad ammettere la nostra totale impotenza. E' stato necessario un forte impegno.

Per molti noi non è stato facile cominciare a credere nel concetto di un Potere Superiore e iniziare a "lasciare andare, lasciare fare a Dio," Abbiamo lottato, resistito e combattuto. Poi, lentamente e gradualmente siamo riusciti a staccare un altro *strato della cipolla* e siamo andati avanti nel nostro cammino con il Secondo e il Terzo Passo. Abbiamo continuato a progredire, a crescere diventando consapevoli.

Il nostro viaggio è proseguito. Piano piano, passo dopo passo, ne siamo usciti sfidando il nostro sonno letargico. Passarci attraverso è stata sicuramente la più ardua battaglia della nostra vita, ci siamo risvegliati, sentendo il cambiamento che stava avvenendo dentro noi stessi e nella nostra esistenza.

Per molti il cambiamento ha significato la profonda consapevolezza di essere su questo pianeta, di essere vivi e di poter avere gioia e felicità oggi. Qui e ora.

Ci siamo risvegliati da quel periodo di lento suicidio provocato dalla nicotina, proprio quando il nostro animo era affogato in un vasto mare di mancanza di autostima, distrutto da continue ondate di desiderio di fumare, paura e fallimento. Siamo riusciti a reggere trovando una via fino ad arrivare in cima, sulla cresta dell'onda cavalcandola e divertendoci, invece di lasciare che si abbattesse su di noi sbattendoci sulla sabbia. Abbiamo trovato un modo per fare *surf:* abbiamo trovato un Potere Superiore. Abbiamo scoperto una Forza per salvarci da noi stessi e a poco a poco siamo riusciti a trovare dentro di noi una risorsa interiore che va al di là del nostro credo, del nostro immaginario: un Dio come noi possiamo concepirLo. Qualcuno, qualcosa che chiunque più grande di noi.

Abbiamo iniziato a comprendere che la nostra malattia, la dipendenza da nicotina, l'autodistruzione, il senso di inadeguatezza, la depressione, la pazzia, le assurdità, l'aggressività e il disgusto che provavamo per noi stessi—erano tutte nate da un senso di solitudine e di paura. Pensavamo di farcela da soli. Ma eravamo troppo isolati e abbiamo cercato di alleggerire le nostre pene con la nicotina.

Abbiamo riconosciuto come la malattia della mente era stata capace di dominarci, causando isolamento. E allora ci siamo dati il permesso di trovare un compagno alla nostra solitudine, che noi abbiamo chiamato Potere Superiore.

Abbiamo imparato a tenerci in stretto contatto con la nostra anima e con il nostro Potere Superiore, diventando esperti nel rimanere sereni anche nelle difficoltà. Abbiamo veramente compreso che potevamo cavalcare le onde.

Con questa nuova consapevolezza nella nostra vita sono cominciati ad accadere una serie di piccoli miracoli e è stato un susseguirsi di meraviglie. Nel momento stesso in cui abbiamo riconosciuto, accettato e dato il benvenuto alla nostra nuova vita spirituale, siamo stati sempre meno propensi a lasciarci andare alla compiacenza o a sprecare intere giornate commiserandoci. Ogni momento della nostra vita vissuto in serenità viene lautamente ricompensato. Ogni momento diventa benedetto e ci arricchisce perché abbiamo imparato a vivere nel qui e nell'ora. Ogni goccia di pioggia che cade, ogni respiro che respiriamo, ogni montagna che scaliamo, ogni volta che inciampiamo, ogni soffio di vento, tutto ha un senso perché frutto della nostra esperienza. Questa è la vita e, quando viviamo ogni singola particella, noi esistiamo e non siamo più soli. Quando sentiamo di non essere più soli, non abbiamo più bisogno di ucciderci con la nicotina. Questo è ciò che intendiamo quando parliamo di risveglio spirituale. Questo è quello che succede quando facciamo i passi e li mettiamo in pratica in tutti i campi della nostra vita.

Nonostante tutto rimaniamo dei dipendenti. Quando cominciamo a sentire la gioia della liberta dall'uso della nicotina, corriamo veramente il rischio di pensare di poter controllare di nuovo la sostanza. Questo è il rischio che corre ogni persona dipendente. Perché, mentre il dolore passato causato dalla nicotina diminuisce, la tentazione procede, nonostante— sappiamo benissimo—essere causa di guai. Questa consapevolezza ci porta ad esaminare la seconda parte del Dodicesimo Passo: fare un piano d'azione per continuare a vivere liberi dalla nicotina.

Abbiamo compreso che, per impedire alla nostra follia di riprendere il controllo della nostra vita, è importante condividere il regalo di un nuovo modo di vivere con quelli che stanno ancora soffrendo. Questa azione la chiamiamo "portare il messaggio." Possiamo farlo in due maniere: offrendo il nostro dono attraverso la condivisione e lasciando che la nostra esperienza sia di esempio agli altri.

Il modo per portare il messaggio a quelli che ancora usano nicotina sta nella condivisione della nostra esperienza di recupero, di forza e di speranza. E' facile e sicuro. Conosciamo il miracolo accaduto nella nostra vita e possiamo rendere partecipi le persone che ancora soffrono condividendolo. Tuttavia, dobbiamo stare molto attenti a ricordare di condividere solo la nostra **esperienza e non quella di altri.**

Condividiamo la forza che abbiamo trovato attraverso una ritrovata umiltà e onestà. Inoltre condividiamo sulla gioia ritrovata che abbiamo attinto da una nuova sorgente di energia positiva e sulla felicità che abbiamo provato quando ci siamo arresi ad una forza più grande di noi: al Potere Superiore.

Mentre rendiamo gli altri partecipi dei nostri miracoli, agiamo con gratitudine. Non importa quanto piccola possa sembrare la nostra impresa, c'è sempre un insegnamento che ci ricompensa. Dobbiamo dare via ciò che abbiamo ricevuto e di conseguenza riceviamo anche di più. Noi che abbiamo toccato il fondo della disperazione e dell'angoscia, ora troviamo sollievo da questa situazione terribile. La nostra gioia aumenta nel vedere come la nostra esperienza può essere d'aiuto agli altri. C'è sempre felicità per noi nell'aiutare un nuovo venuto a superare quel forte impulso per la nicotina, sappiamo molto bene che, ogni volta che assecondiamo la brama, è un abbraccio mortale.

Ciò che possiamo fare per aiutare un dipendente da nicotina a superare un momento di forte voglia è molto semplice, non c'è bisogno di fare tante parole; solo un paio di minuti, stringere la mano, un abbraccio. Conosciamo la sofferenza perché noi ci siamo passati. La nostra gioia nell'essere d'aiuto non è sminuita dalla semplicità dell'azione, perché capiamo quanto è importante.

Aiutando gli altri, noi possiamo imparare la compassione, la pazienza e la tolleranza. Questi meravigliosi regali aiutano ad accettarci, danno valore a chi siamo e alla nostra crescita. Il nostro messaggio di recupero dalla dipendenza dalla nicotina deve essere semplice e onesto, ma abbastanza potente oltre ogni immaginazione. Frequentando le riunioni, rendendoci visibili e disponibili, noi offriamo il più grande servizio possibile. Più partecipiamo, più siamo operosi e più siamo capaci di portare il messaggio. Non dobbiamo cercare di convertire nessuno.

Divulghiamo questo cammino con l'esempio. Questa è la terza parte del Dodicesimo Passo. Mettiamo in atto i principi dei Dodici Passi mentre procediamo attraverso il recupero e li applichiamo in tutti i campi della nostra vita.

Questi principi sono: l'accettazione, la resa, l'umiltà, la tolleranza, la pazienza, la buona volontà, la carità, l'amore, la speranza, la fede, la fiducia e la gioia. Questi sono i principi che ci hanno salvato dalla solitudine e dalla paura, diventando i principi fondamentali per avere libertà continua, letizia e pace ogni giorno della nostra vita.

Inoltre mettere in pratica questi principi nelle nostre azioni quotidiane è un ottimo modo di portare il messaggio. Le persone che ci conoscevano prima non possono non notare il nostro cambiamento mentre progrediamo nel recupero. Portiamo il messaggio perché noi siamo il messaggio di recupero.

Quello che ha dato il via al nostro disperato bisogno di smettere di fumare fiorisce e cresce nella nostra voglia di vivere. Con grande meraviglia ed umiltà abbiamo imparato a godere del dono più prezioso di tutti: l'accettazione di noi stessi in tutta la nostra umanità e la certezza di non essere più soli.

Come la vita, i Dodici Passi sono un cammino e un percorso. Cerchiamo di vivere questi Passi mettendo in pratica i principi in tutte le azioni della nostra vita. Il Dodicesimo Passo non è la fine del nostro cammino. E' il resto della nostra esistenza. E' liberta, gioia e serenità.

Benvenuti in Nicotina Anonimi

Quarta parte
LE DODICI TRADIZIONI DI NICOTINA ANONIMI

1. Il nostro comune benessere dovrebbe venire in primo luogo: il recupero personale dipende dall'unità di Nicotina Anonimi

2. Per lo scopo del nostro gruppo, non esiste che una sola ultima autorità: un Dio d'amore così come Egli si esprime nella nostra coscienza di gruppo. I nostri leader non sono altro che servitori: essi non governano.

3. L'unico requisito per essere membri di Nicotina Anonimi è desiderare di smettere di usare nicotina.

4. Ogni gruppo dovrebbe essere autonomo eccetto per le questioni riguardanti altri gruppi oppure Nicotina Anonimi nel suo insieme.

5. Ogni gruppo non ha che un solo scopo primario: portare il messaggio al dipendente da nicotina che ancora soffre.

6. Un gruppo di Nicotina Anonimi non dovrebbe mai avallare, finanziare o prestare il nome di Nicotina Anonimi ad alcuna istituzione similare o organizzazione esterna per evitare che problemi di denaro, di proprietà o di prestigio possano distrarci dal nostro scopo primario.

7. Ogni gruppo di Nicotina Anonimi dovrebbe mantenersi completamente da solo, rifiutando contributi esterni.

8. Nicotina Anonimi dovrebbe rimanere per sempre non professionale, ma i nostri centri di servizio potranno assumere degli impiegati appositi.

9. Nicotina Anonimi come tale non dovrebbe mai essere organizzata, ma possiamo creare dei consigli di servizio o comitati direttamente responsabili verso coloro che essi servono.

10. Nicotina Anonimi non ha opinioni su questioni esterne, di conseguenza il nome di Nicotina Anonimi non dovrebbe mai essere coinvolto in pubbliche controversie.

11. La politica delle nostre relazioni pubbliche è basata sull'attrazione piuttosto che sulla propaganda; noi abbiamo bisogno di mantenere sempre l'anonimato personale a livello di stampa, radio e filmati.

12. L'anonimato è la base spirituale di tutte le nostre Tradizioni che sempre ci ricorda di porre i principi al di sopra delle personalità.

Le Dodici Tradizioni sono state ristampate e adattate con il permesso dei Servizi Mondiali di Alcolisti Anonimi. Il permesso di ristampare e adattare le Dodici Tradizioni non significa che AA è affiliata a questo programma. AA è un programma di recupero dall'alcolismo—l'uso dei Dodici Passi in collegamento con altri programmi e attività che sono state disegnate sull'esempio di AA, ma che sono indirizzate ad altri problemi, non vengono diversamente implicate.

Le Dodici Tradizioni di Alcolisti Anonimi:

1. Il nostro comune benessere dovrebbe venire in primo luogo; il recupero personale dipende dall'unità di A.A.
2. Per lo scopo del nostro gruppo, non esiste che una sola autorità ultima: un Dio d'amore così come Egli possa manifestarsi nella coscienza del nostro gruppo. I nostri leader non sono altro che dei servitori di fiducia; essi non governano.
3. L'unico requisito per essere membri di A.A. è il desiderio di smettere di bere.
4. Ogni Gruppo dovrebbe essere autonomo tranne che per le questioni riguardanti altri gruppi oppure A.A. nel suo insieme.
5. Ogni Gruppo non ha che un solo scopo primario: portare il suo messaggio all'alcolista che soffre ancora.
6. Un Gruppo di A.A. non dovrebbe mai avallare, finanziare o prestare il nome di A.A. ad alcuna istituzione similare o organizzazione esterna, per evitare che problemi di denaro, di proprietà o di prestigio possano distrarci dal nostro scopo primario.
7. Ogni Gruppo dovrebbe mantenersi completamente da solo, rifiutando contributi esterni.
8. Alcolisti Anonimi dovrebbe rimanere per sempre non professionale, ma i nostri centri di servizio potranno assumere degli impiegati appositi.
9. A.A. come tale non dovrebbe mai essere organizzata; ma noi possiamo costituire dei consigli di servizio o comitati direttamente responsabili verso coloro che essi servono.

10. Alcolisti Anonimi non ha opinioni su questioni esterne, di conseguenza il nome di A.A. non dovrebbe mai essere coinvolto in pubbliche controversie.

11. La politica delle nostre relazioni pubbliche è basata sull'attrazione piuttosto che sulla propaganda; noi abbiamo bisogno di conservare sempre l'anonimato a livello di stampa, radio e filmati.

12. L'anonimato è la base spirituale di tutte le nostre Tradizioni che sempre ci ricorda di porre i principi al di sopra delle personalità.

Le Dodici Tradizioni *

Ogni volta che una società o una civiltà perisce, c'è sempre una condizione presente: si sono dimenticati da dove arrivano.

—Carl Sandburg

INTRODUZIONE

I Dodici Passi, basati su principi spirituali antichi e universali, descrivono un percorso personale per il nostro recupero. La forza del recupero personale è un membro che porta il messaggio al successivo senza nessun pensiero di guadagno personale o remunerazione economica e questo funziona.

Le Dodici Tradizioni stanno al recupero del gruppo, come i Dodici Passi stanno al recupero di ogni singolo individuo. Esse hanno un significato spirituale diverso e sono compagne di viaggio necessarie per il recupero, pari ai Dodici Passi. I gruppi sono incoraggiati a dare un adeguato tempo alla discussione delle Tradizioni, mentre gli sponsor possono enfatizzare questa esperienza ai nuovi venuti. Se le Tradizioni sono sottovalutate o abbandonate, la sopravvivenza di un gruppo e il proprio recupero individuale è messo a rischio.

Bill Wilson (co-fondatore di AA) in principio abbozzò le Dodici Tradizioni come un distillato dell'esperienza condivisa dei primi gruppi di Alcolisti Anonimi. Esse sono il risultato di prove ed errori, a volte errori molto seri. Poi, ha sviluppato la forma attuale e furono adottate nel 1950 dalla Conferenza AA di Cleveland.

Le Tradizioni hanno superato la prova del tempo. Esse forniscono una comprovata guida per i gruppi senza annullare le individualità. Come Wilson, in maniera molto incisiva, ha detto: "Sull'incudine dell'esperienza è stata forgiata la nostra Associazione."

Le Tradizioni furono sviluppate nel corso degli anni in risposta ai problemi che nascevano. Sono basate sull'esperienza particolare del comune benessere di Alcolisti Anonimi. La nostra Associazione le ha adottate perché sono servite ad AA molto bene.

La nostra Associazione non è commerciale né professionale, le nostre guide non sono altro che servitori di fiducia. Nessun membro può dire ad un altro "tu non puoi fare questo" oppure "devi fare questo." Se un gruppo smette di osservare le Tradizioni, rischia di cadere in confusione e conflitto. La confusione e il conflitto possono allontanare il nuovo venuto, privandolo dei benefici che Nicotina Anonimi può offrire.

Le Tradizioni forniscono forma e unità alla nostra intera Associazione. Aiutano a guidare i gruppi in un modo che ha permesso il recupero di molte persone nel corso degli anni. Esse mantengono con gentilezza l'attenzione focalizzata sul nostro scopo primario ed assicurano ad ogni membro che, andando a qualsiasi gruppo, troverà utilizzati gli stessi principi spirituali. Esse garantiscono un posto sicuro per ogni individuo, sollecitando l'unità del gruppo. L'umiltà è il fondamento su cui le Tradizioni sono state fondate; ci proteggono da noi stessi e ci mantengono in forma, proprio come i Passi.

Possiamo continuare ad approfondire la nostra comprensione di questi principi, così che il nostro recupero e la nostra Associazione continuino a crescere e a servire tutti coloro che cercano la libertà dalla nicotina.

PRIMA TRADIZIONE

Il nostro comune benessere dovrebbe venire in primo luogo: il recupero personale dipende dall'unita di Nicotina Anonimi.

Questo significa che l'individuo deve conformarsi a tutti gli aspetti del nostro Programma? Certamente no! La frase nel Grande Libro di AA che introduce i Passi recita: "Ecco i Passi che abbiamo fatto e che sono *suggeriti* come Programma di recupero." Allo stesso modo le Tradizioni usano le parole "dovremmo e potremmo" come principi guida frutto dall'esperienza.

La nostra Prima Tradizione ci ricorda che il nostro comune benessere dovrebbe venire in primo luogo. Mettendo il proprio comune benessere al primo posto, gli individui mettono il loro personale benessere al secondo. Ogni individuo di Nicotina Anonimi è parte di un grande insieme. Nicotina Anonimi deve vivere come entità, così che come individui possiamo continuare a vivere liberi dalla nicotina. Arriviamo a comprendere che ciascuno di noi deve interiorizzare i principi del recupero perché la nostra vita dipende dal rimanere attaccati a questi principi spirituali. Come singoli individui noi siamo "uno per tutti," e come gruppo "tutti per uno," Come Associazione rimaniamo uniti sui principi che sono le fondamenta spirituali per il recupero. Se non lo facciamo mettiamo a rischio il nostro recupero e rischiamo di ledere l'unità dell'Associazione.

Uno dei nostri principi di base fu indirizzato alla coscienza di gruppo con la conferenza dei Servizi Mondiali del 1988 che stabilì una chiara definizione di *astinenza*. Dal 1988, definiamo astinenza "uno stato che comincia quando è cessato qualsiasi uso di nicotina." Sebbene a quel tempo il nostro nome fosse Fumatori Anonimi, decidemmo collettivamente che l'astinenza da nicotina in tutte le sue forme fosse il nostro scopo primario. Nel 1990 il nostro nome divenne Nicotina Anonimi, che ampliò la nostra consapevolezza e il raggio d'azione come un Programma che includeva tutte le forme di dipendenza da nicotina.

In accordo con la Decima Tradizione, non abbiamo opinioni su questioni esterne, come ad esempio qualsiasi prodotto utile per smettere di dipendere dalla sostanza. Ogni individuo determina liberamente la sua data di inizio dell'astinenza. L'Associazione, nel suo insieme e come estensione a ogni gruppo, fornisce una struttura e una unità di intenti, che ci permette di accogliere tutti senza giudizio.

L'unico obiettivo del gruppo è il recupero per il singolo. La sopravvivenza del singolo e del gruppo dipende dalle amichevoli relazioni tra i membri del gruppo stesso. Nelle nostre riunioni gli individui condividono le loro esperienze personali sul recupero, mentre gli altri membri ascoltano. Ogni membro, così come ha il diritto di esprimere la sua opinione, deve benevolmente anche accettare la coscienza di maggioranza del gruppo. Una mente aperta è utile per ascoltare le opinioni e le idee degli altri membri del gruppo.

Generalmente i gruppi spiritualmente in forma hanno membri che sentono l'appartenenza al gruppo che abitualmente frequentano attraverso una presenza attiva. Essi si adoperano in modo volontario e si assumono la responsabilità di far funzionare il gruppo, facendo servizio come coordinatori, segretari o tesorieri. Prendono un impegno con la letteratura o con l'organizzazione delle riunioni. Come membri traiamo sempre giovamento nel fare servizio e per continuare a recuperarci attraverso l'uso del Programma, condividiamo la nostra esperienza, anche quella del servizio con il nuovo venuto.

Dall'altro lato, cosa succede quando un individuo rifiuta una decisione del gruppo? Ogni membro deve decidere per se stesso/a come rispondere in questa situazione. Alcuni possono sentire la situazione così importante da lasciare il gruppo, altri possono decidere semplicemente di essere d'accordo o essere in disaccordo. Il voto della maggioranza non implica necessariamente che questo sia giusto. Ognuno ha la possibilità di iniziare un nuovo gruppo. Può anche succedere che qualcuno rimanga nel gruppo ma diventi pieno di risentimento, e questo può avere una influenza negativa sul gruppo. Se altri membri del gruppo non si sentono a loro agio o spaventati e vanno via, il gruppo alla fine può chiudere. Cosa fare?

Nessun membro di Nicotina Anonimi ha l'autorità su un altro. Ma il gruppo, con una Coscienza di Gruppo informata, questa responsabilità ce l'ha. Comunque, questa è la ragione essenziale per cui i membri devono studiare le Tradizioni e trovare speranza in tutte; così da assolvere al meglio allo scopo primario del gruppo (Quinta Tradizione). Essendo guidato da questa speranza unitaria, il gruppo ha una migliore opportunità di conoscere quale è il comune benessere e di metterlo in primo luogo. Allora, parlando con una unica voce, si rafforza l'unità di Nicotina Anonimi. Se rimaniamo fedeli al nostro nome Nicotina Anonimi, allora possiamo mantenerla semplice e rendere più facile al nuovo venuto capire e il praticare nostro Programma di recupero.

SECONDA TRADIZIONE

Per lo scopo del nostro gruppo, non esiste che una sola autorità ultima: un Dio d'amore così come Egli si esprime nella nostra coscienza di gruppo. I nostri leader non sono altro che servitori: essi non governano.

Diciamo frequentemente che Nicotina Anonimi è un Programma basato sul "Noi," Molti dipendenti da nicotina, che credevano di essere senza speranza, hanno trovato il recupero attraverso la fratellanza di Nicotina Anonimi. Sebbene essi ammettano che da soli non avevano alcun potere sulla nicotina, arrivano a fare l'esperienza di una miracolosa liberazione dall'ossessione per la nicotina attraverso il potere di un Dio amorevole (comunque essi Lo concepiscano) che agisce attraverso il gruppo.

Dando enfasi all'idea che Nicotina Anonimi è un Programma basato sul "Noi," la Seconda Tradizione ci ricorda che l'autorità ultima nelle questioni che riguardano il gruppo non risiede mai in un individuo singolo, ma nel gruppo stesso attraverso la sua Coscienza di Gruppo. Ma cosa significa esattamente il termine "coscienza di gruppo"?

Semplicemente significa che qualsiasi cosa necessiti di una decisione viene portato al gruppo di Nicotina Anonimi per essere messo in discussione. Il decorso delle azioni che devono essere intraprese viene così determinato da un voto dei membri del gruppo. L'uso della parola 'coscienza' implica che c'è un imperativo morale nel voto del gruppo. E infatti c'è.

Alla base di tutte le Tradizioni c'è la Quinta Tradizione che dice "Ogni gruppo non ha che un solo scopo primario, portare il messaggio al dipendente da nicotina che soffre ancora." Ogni membro quindi, quando partecipa alla coscienza di gruppo, deve considerare se il suo voto aiuti o non aiuti il gruppo a perseguire il suo scopo primario. Questo significa che ogni membro mette da parte le sue preferenze personali e vota con questo scopo più alto in mente. Quando questo accade, i membri hanno messo da parte la loro agenda personale e agiscono per il bene comune, credendo che un Potere Superiore d'amore si manifesti attraverso la coscienza del nostro gruppo.

Dal momento che riteniamo che un Potere Superiore si esprima attraverso la nostra coscienza di gruppo, significa che la decisione di un gruppo non deve essere mai cambiata? No, questo non è necessariamente vero. Per esempio quando la nostra Associazione fu inizialmente formata, i primi membri decisero che ci saremmo dovuti chiamare "Fumatori Anonimi," A quel tempo il nome era appropriato perché i primi membri erano tutti fumatori. Dopo anni, comunque, divenne chiaro che il nostro Potere Superiore non voleva più che ci chiamassimo "Fumatori Anonimi." Questo divenne evidente quando ci accorgemmo che il nome "Fumatori Anonimi" era già legalmente registrato da un dottore che operava con un programma che non aveva niente a che fare con il Programma di recupero dei Dodici Passi.

Questo rappresentava un problema reale per la nostra inesperta organizzazione. Il dottore era disponibile a rilasciarci in uso la licenza del nome con una iscrizione annuale. L'Associazione non poteva permettersi questa iscrizione annuale. Il problema fu portato alla Quinta Conferenza dei Servizi Mondiali di Fumatori Anonimi che si tenne in Phoenix Arizona nel 1990. In linea con lo statuto della nostra Associazione, la conferenza annuale dei Servizi Mondiali agisce e si muove sulla base della "coscienza collettiva dell'Associazione di Nicotina Anonimi (allora Fumatori Anonimi) nel suo insieme."

Un membro presente a questo importante dibattito nella storia della nostra Associazione descrisse il processo come "la più drammatica dimostrazione mai vista prima della mano del Potere Superiore di tutta l'intera Associazione al lavoro." La discussione partì da una posizione comune, unanime di "combattere la giusta battaglia" per tenere il nome completo di "Fumatori Anonimi." L'idea era che qualsiasi programma chiamato "…Anonimi" per il recupero dalle dipendenze, sarebbe dovuto essere esclusiva, in buona fede, del Programma dei Dodici Passi.

Entro un paio d'ore, la decisione praticamente unanime era cambiata di 180 gradi; da una combattiva determinazione di tenere la parola "Fumatori" all'accettazione del termine "Nicotina," Era qualcosa simile a "certamente noi siamo comprensivi e tolleranti e il nostro processo di recupero è di guadagnare e ottenere la libertà da una droga, non da un modo di somministrazione." Quel membro descrisse questo strabiliante cambiamento, sotto la guida di un amorevole Potere Superiore collettivo "come l'arrivo della marea," La marea crescente inevitabilmente portò i partecipanti alla discussione e alla conclusione che era ora di accettare la naturale evoluzione della nostra fratellanza nella più inclusiva Nicotina Anonimi.

Il cambio del nome della nostra Associazione è un esempio di coscienza di gruppo che opera a livello di tutta l'Associazione. Comunque la coscienza collettiva opera a diversi livelli in tutta Nicotina Anonimi. La coscienza di gruppo è anche espressa nelle riunioni settimanali di Nicotina Anonimi, agli incontri mensili Intergruppo e agli incontri periodici dei servitori dell'Ufficio dei Servizi Mondiali (WSO) di Nicotina Anonimi. Ci sono inoltre molte occasioni quando si formano comitati speciali per la conferenza o per dei seminari, per rivedere lo statuto di Nicotina Anonimi, o per proporre nuova letteratura revisionata.

Sebbene questi gruppi possano avere un coordinatore che organizzi gli sforzi del comitato, essi usano la coscienza di gruppo per trovare un accordo all'interno del comitato. Questo include quanto dureranno in carica i servitori, da quanto tempo devono essere sobri i membri per poter ricoprire un incarico di servizio, se un gruppo deve o non deve offrire caffè durante una riunione e quanto può versare un gruppo al suo Intergruppo e ai Servizi Mondiali di Nicotina Anonimi. Ci sono molte altri decisioni inerenti al gruppo che vengono prese dalla coscienza di gruppo.

TERZA TRADIZIONE

L'unico requisito per essere membri di Nicotina Anonimi è desiderare di smettere di usare nicotina.

Essendo una fratellanza mondiale, Nicotina Anonimi desidera arrivare ed includere al proprio interno tutti coloro che fanno uso di nicotina e che cercano di unirsi a noi nell'intento di vivere liberi dalla nicotina stessa. Quest'unico requisito rende tutto più semplice e meno confuso. Abbiamo così un unico motivo per riunirci: stabilire ciò che ci accomuna e accogliere i nuovi venuti.

Abbiamo liberamente ricevuto il dono prezioso del recupero ed eliminato dalle nostre vite la morsa mortale della dipendenza da nicotina e tutto quello che ci è stato chiesto era che avessimo il desiderio di smettere di usare nicotina (non importava quanto piccolo fosse). Perciò, come pensiamo sia possibile negare un tale dono ai nuovi venuti?

Qualunque differenza di credo non dovrebbero interferire con l'accoglienza alle riunioni di un nuovo venuto e con il nostro essere d'aiuto. E' assolutamente vero che tra noi c'è chi ha scoperto da solo che era necessario abbandonare vecchie credenze per trovare la pace nel recupero. Diventare un membro di Nicotina Anonimi è una decisione personale proprio come crearsi il proprio credo personale. In questo modo la Terza Tradizione ci protegge anche dall'essere intrappolati in pericolosi giudizi, specialmente riguardo a coloro che sono ancora nella morsa della nicotina o continuano a ricadere.

Essendo un Programma spirituale, riconoscere il desiderio di smettere di usare nicotina abbraccia lo spirito ed evita giudizi verso il comportamento della malattia. Per questo non è necessario per i nuovi arrivati avere già smesso di usare nicotina prima di unirsi a noi. Molti dei nuovi arrivati potrebbero avere difficoltà a riconoscere e ad avere consapevolezza di questo desiderio. Per alcuni di noi il desiderio era così piccolo che non lo avevamo percepito fino a quando, giorno dopo giorno, settimana dopo settimana, riunione dopo riunione, l'abbiamo finalmente riconosciuto e abbiamo cominciato a rimanere puliti.

Essendo questo l'unico requisito per appartenere a Nicotina Anonimi, manteniamo viva la speranza per tutti quelli che stanno cercando il recupero. I nuovi venuti, non devono per forza appartenere ad altri gruppi, credere in Dio, donare soldi o lavorare i Passi in un particolare modo per unirsi a noi. Non abbiamo paura delle emozioni che vengono fuori una volta smesso di usare nicotina. A nessuno è richiesto di essere razionale o lucido o di dire cose corrette durante le riunioni. Tutti noi siamo passati attraverso le stesse cose. Non escludiamo nessuno dal nostro Programma per nessun motivo compreso, la razza, la reputazione, il credo, l'orientamento sessuale, il sesso, eventuali disabilità o origini. I nuovi venuti, se non sono sicuri di avere il desiderio di smettere di usare nicotina, ma vogliono anche solo cercare di scoprirlo, sono i benvenuti.

Molti di noi sono vissuti per molti anni nel buco nero della negazione, dell'alienazione e del dolore causato dalla dipendenza da nicotina. Noi non vogliamo lasciare solo nessun dipendente che soffra ancora in quel buco nero, specialmente se sappiamo di avere la corda del recupero da lanciargli. Certamente, deve almeno volersi tenere aggrappato a quella corda per poter uscire dal buco ed unirsi a noi. Ma questo è tutto quello che viene richiesto.

Alcuni dei nostri membri sentono di essere stati effettivamente tirati fuori dalla loro dipendenza dal semplice atto di chiedere aiuto. Per altri il recupero dalla dipendenza da nicotina è stato un regalo più difficile da accettare. Costoro hanno dovuto lottare con quella corda e scivolare in basso più e più volte prima di mantenere una vera astinenza da nicotina. La Terza Tradizione tiene le nostre porte aperte e i nostri cuori raggiungibili. La condivisione delle nostre storie rivela sia gli aspetti più terribili legati a questa dipendenza, sia la gioia di rinascere ad una nuova libertà. Non siamo solo consapevoli della pericolosità della dipendenza da nicotina, ma anche grati per il dono spirituale del recupero che rende possibile la nostra libertà. Ed è per questo che continuiamo a tornare gettando quella corda di verità che è la nostra esperienza, forza e speranza, affinché altri possano essere tirati fuori dal buco della dipendenza da nicotina, in un viaggio verso la libertà.

Sebbene questo Programma ci fornisca un approccio spirituale che riempie il nostro desiderio di libertà, gioia e pace, la maggior parte dei dipendenti è caduta nel buco della dipendenza durante l'adolescenza. Paradossalmente, in quel periodo, la maggior parte di noi era guidata dagli stessi desideri di libertà e di gioia, ma dopo aver iniziato ad usare nicotina, ha passato molti anni a rincorrere questi stessi desideri. Tornare a vedere questo desiderio di nuovo può essere stimolante. All'inizio potremmo non voler smettere di usare la nostra droga. Forse potremmo pensare di non poter vivere senza di lei. Nonostante avessimo frequentato molte riunioni e fossimo stati astinenti dalla nicotina per un certo periodo, avremmo potuto ritrovarci ancora a pensare onestamente di non aver alcun desiderio di smettere.

Comunque, una volta che abbiamo condiviso questo pensiero con altri membri, abbiamo scoperto che anche altri inizialmente non hanno avuto un tremendo desiderio di smettere. Qualcuno può aver addirittura dichiarato nelle riunioni di non aver assolutamente voglia di smettere. Alcuni di noi voleva semplicemente vivere ed avevano paura che il continuare ad usare nicotina li avrebbe portati alla morte. Qualcuno di noi desiderava solo trovare la volontà del suo Potere Superiore. Qualcuno voleva migliorare il proprio stato di salute. Molti di noi "volevano voler" smettere di usare nicotina. Alla fine siamo arrivati a comprendere che ognuna di queste motivazioni, o anche la semplice voglia di farsi vedere ad una riunione, poteva essere definita come il desiderio di smettere di usare nicotina.

Inoltre, ci sono stati alcuni che hanno avuto difficoltà con il tema nicotina. Mentre possono aver avuto il desiderio di smettere di fumare o di masticare tabacco, possono non essersi sentiti pronti ad abbandonare altri sistemi di assunzione di nicotina. Ognuno di noi decide a modo suo come iniziare il proprio processo di recupero: il desiderio di smettere di usare nicotina in tutte le sue forme potrebbe arrivare nel tempo.

Una volta che abbiamo pulito la cortina di fumo che la nicotina aveva messo tra noi ed i nostri più sinceri desideri e pensieri, molti di noi si accorgono che avevano un enorme desiderio di essere liberi da questa astuta e pericolosa droga. In aggiunta, molti di noi si sono accorti di avere un grande desiderio di vivere la propria vita. Per molti di noi, tornare ad usare nicotina significherebbe rinunciare a tutte quelle meravigliose gioie che sono state aggiunte alla nostra vita. Cose come fare escursionismo, aerobica, cantare, condividere del tempo con gli amici, avere relazioni intime, la nostra nuova ritrovata salute fisica e anche la capacità di stare seduti al cinema o durante un viaggio in aereo, ci verranno portati via se ritorniamo alla nostra dipendenza. Il nostro desiderio di continuare con questa nuova vita ora supera di gran lunga qualsiasi desiderio che ancora potremmo avere per la nostra droga.

Quindi, se desideri diventare un membro di Nicotina Anonimi, unisciti a noi. Se sei disposto a chiamarci o ad entrare in una nostra stanza, crediamo che tu abbia dentro di te il desiderio di smettere. Non ha importanza chi tu sia, quante altre dipendenze tu abbia, quali siano i tuoi problemi, siamo certi che tra di noi troverai qualcuno che ha passato le tue stesse vicissitudini. Noi ti vogliamo qui con noi. Noi ti teniamo dentro i nostri pensieri e speriamo che tu ti voglia unire a noi nella meravigliosa vita e libertà che abbiamo trovato noi, dopo che ci siamo liberati dalla nicotina. La Terza Tradizione è il nostro benvenuto in Nicotina Anonimi.

QUARTA TRADIZIONE

Ogni gruppo dovrebbe essere autonomo, eccetto per le questioni riguardanti altri gruppi o Nicotina Anonimi nel suo insieme.

Secondo la storia della nostra Associazione i gruppi di Nicotina Anonima (già noti come Fumatori Anonimi) esistevano autonomamente senza conoscere reciprocamente la loro esistenza. Ognuno era in grado di aiutare i dipendenti dalla nicotina a raggiungere la libertà; lavorando con i Dodici Passi e sostenendosi uno con l'altro.

In sostanza, un gruppo è formato da due o più dipendenti dalla nicotina che si uniscono per raggiungere l'astinenza ed è autonomo, non dipende dall'Associazione. Sebbene i nostri Intergruppi e i nostri Servizi Mondiali svolgano funzioni preziose, esistono solo per sostenere i gruppi e i loro membri. I gruppi sono il cuore di Nicotina Anonima. Ed è qui che raggiungiamo l'astinenza e il recupero, sponsor e sponsorizzati sono uniti e i miracoli accadono. Questi gruppi possono e hanno trattato le loro questioni anche prima che la nostra Associazione fosse ufficialmente nata.

E' per questo che i gruppi possono tranquillamente prendere le loro decisioni senza che niente e nessuno interferisca. Ogni gruppo è libero di fare alcune importanti cose, come ad esempio decidere il format delle riunioni, l'argomento e gli oratori, dare le medaglie di anniversario per l'astinenza e determinare se e quando donare i fondi dei gruppi a un Intergruppo o ai Servizi Mondiali. Come tra le singole persone, la relazione tra i gruppi e i Servizi Mondiali è rafforzata dalla fiducia data e ricevuta.

Noi incoraggiamo tutti i gruppi a prendere contatto con altri gruppi, con gli Intergruppi e con i Servizi Mondiali ogni volta che essi si avventurano in qualcosa che può avere un effetto su altri gruppi o Nicotina Anonimi nel suo insieme. Cercare una guida per prendere in considerazione una nuova idea o una proposta è uno dei principi che regge il nostro processo di recupero. Avvenne un caso molti anni fa quando il responsabile di un Intergruppo fu contattato dal produttore di un nuovo prodotto alternativo alla nicotina. L'azienda si offrì di finanziare e di predisporre un numero verde da mettere a loro disposizione se essi avessero fornito assistenza per i loro clienti e se avessero incluso la loro brochure nell'elenco della letteratura del gruppo. Dopo essersi consultati con membri di altri gruppi, l'offerta fu saggiamente rifiutata. Oltre a danneggiare la reputazione di tutti i gruppi coinvolti, una tale decisione avrebbe sicuramente leso l'intera Associazione.

Anche se ci sono tante tentazioni che potrebbero farci andare fuori strada, capiamo che i gruppi devono prendere le proprie decisioni e fare i propri errori. Abbiamo il diritto di imparare dai nostri errori. Come vedremo più avanti nella Nona Tradizione, l'Associazione ha poca autorità ed è solo consultiva sui gruppi, nella maggior parte delle situazioni. Si può solo trasmettere l'esperienza di altri gruppi in situazioni simili. In ultima analisi, dobbiamo aver sempre fede in un Potere Superiore che guida e ha guidato i nostri gruppi attraverso molte scelte difficili come la seguente.

Molti dei gruppi della zona di New York si sono evoluti riguardo al modo di fare le vecchie "riunioni A.A. per non fumatori," Questi erano membri AA che si riunivano per affrontare la loro dipendenza dalla nicotina. Alcuni di questi gruppi cambiarono il loro nome in Nicotina Anonima, mentre altri mantennero il loro vecchio nome "A.A. per non fumatori ," L'Intergruppo della zona Metropolitana di New York aveva un elenco di riunioni che era molto piccolo e molti erano ansiosi di aggiornare l'elenco con un maggior numero possibile di incontri. Fu votato che questi gruppi con il nome di "AA per i non fumatori" non fossero nella lista ufficiale a causa della loro affiliazione esterna. Da allora, molti di loro hanno deciso, tramite coscienza di gruppo, di diventare Nicotina Anonimi. Questa decisione fu presa esclusivamente dai singoli gruppi.

Molto probabilmente la fiducia che viene data ai nostri gruppi è parte dell'attrazione della nostra Associazione e permette ad ogni gruppo di creare riunioni più utili possibili ai propri membri. E' sempre molto confortante andare alle riunioni in qualunque parte del mondo e trovare gli stessi Dodici Passi e le stesse Dodici Tradizioni, i vari formati per la conduzione, le letture, le storie e specifiche abitudini del gruppo, esse creano una meravigliosa varietà. Questo serve a mantenere le cose interessanti e ci aiuta ad imparare ad avvicinarci al Programma con una mente aperta.

QUINTA TRADIZIONE

Ogni gruppo non ha che un solo scopo primario: portare il messaggio al dipendente da nicotina che ancora soffre.

In se stessa questa Tradizione porta un messaggio a tutti i membri del gruppo. Come prima cosa, i membri di ciascun gruppo, agendo come un insieme unificato, hanno un unico scopo primario da realizzare. In secondo luogo, noi abbiamo un messaggio prezioso che dobbiamo condividere. Terzo colui al quale dobbiamo portare questo messaggio è precisamente identificato: il dipendente da nicotina che ancora soffre.

A livello di gruppo, comunichiamo il nostro messaggio sia nel significato delle nostre parole sia nell'atteggiamento delle nostre azioni. Avere uno scopo primario ci serve come una stella guida, che ci fa capire quando siamo sulla giusta rotta. Con il recupero arriva un riscoperto entusiasmo che può portare i membri del gruppo a provare ad essere "molte cose per molte persone," Un gruppo ha bisogno di fare attenzione a non diventare troppo tollerante o distratto rispetto al senso del suo scopo.

La nostra esperienza con la nicotina e il recupero sono ciò che conosciamo meglio. Condividere la nostra storia non richiede talenti speciali o un particolare allenamento. Ognuno di noi può offrire ciò che sa e ciò che è arrivato a credere. Si può riuscire a portare il messaggio anche senza parlare, quando in silenzio ascoltiamo i nostri compagni. Se rimaniamo focalizzati sul nostro scopo primario, il gruppo aumenta le probabilità di agire in buona fede verso i principi del Programma e di mantenere unità nel processo di recupero. In questa semplicità c'è forza.

In quanto Associazione noi comprendiamo e mettiamo in atto questo principio spirituale del Programma: al fine di mantenere il recupero che abbiamo ottenuto, necessitiamo di continuare a regalare questo dono agli altri che ancora soffrono. Se ignoriamo questa verità, rischiamo di ricadere come individui e si rischia di perdere la conservazione del gruppo. Questa è una missione di estensione d'amore sia verso i membri che si trovano ancora nella morsa della nicotina, sia verso coloro che combattono con altri aspetti del loro recupero.

Anche se abbiamo un Programma fondato sull'anonimato, non cresciamo nel buio. Questo amore è anche espresso nei nostri sforzi verso coloro che non hanno ancora mai sentito niente a proposito del nostro Programma. Portare il messaggio è il nostro recupero in azione. Noi vogliamo agire in modo da attrarre gli altri e che sia concessa loro la stessa pace che noi cerchiamo. Dare un caldo benvenuto apre i nostri cuori e ci tiene lontano dall'isolamento e dalla sostanza. La battaglia di un nuovo arrivato ci aiuta a ricordare da dove siamo venuti e rafforza sempre più la nostra gratitudine per un altro giorno senza nicotina.

Nicotina Anonimi possiede cinque strumenti per aiutarci a vivere senza nicotina. I cinque strumenti sono: riunioni, liste telefoniche o di mail, letteratura, sponsorizzazione e servizio. Gli strumenti sono anche un mezzo attraverso il quale possiamo portare il nostro messaggio ad altri che sono alla ricerca di aiuto. Le riunioni ci aiutano a portare il messaggio ricordandoci di rivolgere la nostra attenzione alla soluzione piuttosto che al problema. In questo c'è speranza e forza. Condividere dà un'opportunità ai nuovi arrivati di identificarsi con la passata esperienza degli altri membri nel momento in cui vedono e sentono la possibilità di un cambiamento. Essi sono testimoni di onestà e speranza in un ambiente sicuro e di supporto. Il messaggio di primo acchito che offrono i nostri membri è unico e potente.

Una lista telefonica di gruppo cresce nel momento in cui un membro si rende disponibile ad aggiungere il suo nome e a offrire supporto tra una riunione e l'altra. Questa lista è particolarmente importante per il dipendente che ancora soffre, il cui desiderio di liberarsi può avere difficoltà a farsi sentire quando si trova ossessionato dalla nicotina.

I nuovi arrivati che ancora non si trovano a loro agio nel parlare in riunione possono trovare più facile utilizzare altre forme di comunicazione. Noi abbiamo un dolce messaggio che ciascuno/a può ascoltare e accogliere rispettando i propri tempi.

La nostra letteratura è scritta da membri, revisionata da servitori di fiducia e resa ufficiale da delegati che votano alle nostre Conferenze annuali per assicurare che porti il nostro messaggio. La nostra esperienza è disponibile in diverse forme come opuscoli, libri e audiocassette. Anche i Servizi Mondiali e alcuni Intergruppi pubblicano newsletter o bollettini in cui i membri offrono la loro esperienza individuale. Sappiamo che, se non aiutiamo coloro che ancora soffrono, rischiamo di stagnare e di non avere alcuno scopo vitale.

La sponsorizzazione è il sostegno personale che incarna appieno il principio secondo il quale ciascuno dona gratuitamente ciò che gratuitamente ha ricevuto per mantenere il recupero. Lo sponsor porta il messaggio condividendo il viaggio di recupero sulla sua personale esperienza, ascoltando con cura e attenzione e dimostrando attraverso l'azione come funziona Nicotina Anonimi.

Il servizio è la nostra gratitudine in azione; è il nostro messaggio di impegno, dedizione e responsabilità. Fare servizio può anche essere un mezzo per fare ammenda mentre portiamo il nostro messaggio, mostrando che stiamo migliorando il nostro comportamento e atteggiamento. I membri che prestano servizio diventano degli esempi, spesso superando le prime paure e limitazioni al fine di raggiungere lo scopo primario dell'Associazione.

Avere uno scopo primario mantiene l'intento del nostro messaggio semplice e chiaro, il che diminuisce qualsiasi sospetto che coloro che ancora soffrono possono nutrire nei confronti di un gruppo. Molti di noi hanno avuto dubbi e paure sull'unirsi ai gruppi quando sono arrivati per la prima volta. Per esempio, i nuovi arrivati possono nutrire preoccupazioni a proposito delle questioni spirituali quando scoprono che Nicotina Anonimi è un Programma spirituale. E' fondamentale che noi diamo enfasi al nostro preambolo riguardo al fatto che Nicotina Anonimi non sia collegata con alcuna organizzazione religiosa o politica.

Portando in modo adeguato il messaggio, ogni gruppo mostra, al dipendente da nicotina che ancora soffre, che ci importa di lui, mostrando cosa è possibile che ci accada quando non siamo più sotto l'effetto della nicotina. Il nostro scopo primario è il nostro obbiettivo, che ci ricorda di riconoscere e valorizzare le priorità. L'intera struttura del nostro messaggio di recupero è tutto descritto qui sopra.

SESTA TRADIZIONE

Un gruppo di Nicotina Anonimi non dovrebbe mai avallare, finanziare o prestare il nome di Nicotina Anonimi ad alcuna istituzione similare o organizzazione esterna per evitare che problemi di denaro, di proprietà o di prestigio possano distrarci dal nostro scopo primario.

Al volgere del XXI secolo, questa Tradizione è stata molto indicativa e di riferimento per le decisioni da prendere per ciò che riguarda la nostra pagina Web e le pagine Web di altre organizzazioni. Alcuni membri ritenevano che il riferimento ad alcuni Link comportasse affiliazione. Questa Tradizione permette di collaborare con società esterne, ma non essere affiliati. La differenza tra queste due parole (collaborazione e affiliazione) stava diventando una sfida per alcuni membri di Nicotina Anonimi.

Alcuni membri vollero metterci in guardia con un avvertimento contro ogni legame e collegamento a qualsiasi cosa che potrebbe avere a che fare con la cessazione dell'uso della nicotina. Alcuni pensavano che sarebbe stato "giusto" dal momento che molte di queste organizzazioni facevano riferimento alla dipendenza dalla nicotina. Tuttavia, al momento della iscrizione, la nostra coscienza di gruppo ha deciso che la nostra pagina web avrebbe menzionato altre fonti, ma non avrebbe fornito link (Internet) a loro. Abbiamo anche deciso che altri siti potevano fornire un link al nostro sito, ma che non avremmo fornito loro collegamenti reciproci.

Abbiamo visto altre associazioni aiutare persone a smettere di usare nicotina e alcuni dei loro "diplomati" sono poi venuti alle nostre riunioni. Alcuni dei nostri membri si sono chiesti perché non possiamo confonderci tra di loro e approfittare della loro infrastruttura. Oppure, se ciò non è possibile, si chiedono, perché almeno non li avalliamo, specialmente nelle città o nei villaggi in cui non abbiamo riunioni. Molte persone sono alla ricerca di nomi e numeri di telefono di organizzazioni dove potersi riabilitare per una settimana senza l'uso di nicotina. Alcuni dei nostri membri si sono chiesti se non dovremmo indirizzarli al nostro sito Web dove possono fare clic su un link per ottenere le informazioni di cui hanno disperatamente bisogno. Questi membri si sono domandati: "Non è questo l'aiuto di cui ha bisogno il dipendente che sta ancora soffrendo?" La Sesta Tradizione ci ricorda che questo non è l'aiuto che il nostro Programma potrebbe dare loro. La Sesta Tradizione ci aiuta a mantenerla semplice e ad avere relazioni appropriate e utili con altre organizzazioni in tutta la fraternità.

Anche se ognuna delle parti con una entità separata inizia a stabilire una relazione, si verifica un'inevitabile confusione di personalità o di linee di condotta (di fatto o di percezione). Sarebbe una difficoltà per noi se, ad esempio, dovessimo stabilire una relazione con un'altra organizzazione. Anche se entrambe le parti possono avere un obbiettivo comune legato alla salute o all'anima, un'affiliazione avrebbe l'effetto di indurre ciascuna organizzazione a perdere parte del suo scopo primario e a perdere la propria caratteristica. La Sesta Tradizione ci protegge dalla confusione o dal fraintendimento di ciò che siamo e di ciò che facciamo. La Sesta Tradizione mantiene la nostra Associazione unica e esclusiva, riguardo alla capacità di aiutare il dipendente che soffre ancora.

Dobbiamo anche riconoscere che, quando ci troviamo di fronte a persone che hanno altri problemi, come membri possiamo essere in grado di informarli che esistono altre fratellanze presso cui potrebbero trarre ulteriore supporto senza il rischio che la nostra Associazione diventi affiliata con questi altri gruppi. Ad esempio, alcune persone aumentano di peso quando smettono di fumare. A livello personale non c'è nulla di sbagliato nel condividere informazioni sull'esistenza di un'altra fratellanza che potrebbe essere di ulteriore aiuto per uno dei nostri fratelli; ma sarebbe un grave errore se la nostra Associazione avallasse questo altro gruppo.

Durante gli anni '80, uno dei nostri membri fu contattato da un'azienda farmaceutica che produceva una gomma da masticare alla nicotina per aiutare le persone a smettere di fumare. La società ci offrì una linea telefonica gratuita, di cui avevamo bisogno, oltre al servizio di qualcuno che avrebbe mantenuto un database dell'elenco globale di tutte le nostre riunioni. Questo servizio sarebbe stato completamente gratuito per noi. In cambio, ci venne chiesto di mettere la pubblicità di questa azienda sul tavolo insieme alla nostra letteratura approvata dalla Conferenza dei Servizi Mondiali di Nicotina Anonimi. Questa proposta era allettante, ma, grazie alla saggezza della nostra Sesta Tradizione, l'offerta venne rifiutata.

Abbiamo una potente valvola di sicurezza nella nostra Sesta Tradizione. Aiutare il dipendente che è il nostro solo scopo primario. La Sesta Tradizione tiene concentrati i nostri sforzi su questo compito fondamentale evitando distrazioni allettanti, proposte da imprese esterne o di strutture correlate.

SETTIMA TRADIZIONE

Ogni gruppo di Nicotina Anonimi dovrebbe essere autonomo, rifiutando contributi esterni.

E' chiaro che lo scopo di questa Tradizione è farci comprendere che possiamo accettare contributi di denaro solo dai nostri membri e non da donatori esterni, non importa quanti buoni propositi essi possano avere. In questo modo ogni gruppo si mantiene autonomo e l'Associazione rimane indipendente. Il fatto di non accettare donazioni esterne è di vitale importanza, altrimenti diventeremmo dipendenti da quell'individuo o gruppo esterno per la nostra sopravvivenza. La nostra sopravvivenza deve essere determinata dai nostri propri contributi, altrimenti potremmo essere coinvolti in questioni o politiche esterne. Questi altri secondi fini potrebbero indebolire e confondere il nostro messaggio, minacciando o, addirittura, ponendo fine alla nostra missione.

All'inizio della sua vita a un gruppo di Nicotina Anonimi fu benevolmente offerta una stanza per le riunioni a titolo gratuito. Molti membri ritennero che, dal momento che erano un gruppo piccolo, la loro sopravvivenza dipendeva dall'accettare quell'offerta. Fu però deciso, durante una riunione di servizio, che sarebbe stato necessario declinare quell'offerta molto generosa, in modo che il gruppo mantenesse la sua autonomia. Decisero invece di negoziare una "donazione" mensile, in cambio della stanza della riunione. Il gruppo realizzò che questa fu una decisione necessaria per proteggere l'integrità del nostro messaggio e onorare questa Tradizione della nostra Associazione. Anche se poteva significare che quel gruppo rischiava di chiudere senza contributi esterni, il gruppo era disposto ad accettare quella possibilità.

Analizzando meglio questa Tradizione, noi non potremmo essere totalmente autonomi, se ognuno di noi non contribuisse con il proprio servizio al nostro gruppo, Intergruppo e Servizi Mondiali. Il servizio non è solo una risorsa nel recupero personale, ma è la linfa vitale di tutta la nostra intera Associazione. Se noi ci limitassimo solo a prendere dall'Associazione, non costituiremmo più un'associazione.

Quando uno di noi si accontenta di stare in disparte e lasciare che sia "qualcun altro" a prendersi l'impegno necessario, l'esistenza di un gruppo e alla fine Nicotina Anonimi stessa è minacciata. Rendersi autonomi attraverso il servizio comporta azioni come frequentare regolarmente il gruppo sia quando ci sono le riunioni di recupero, sia quando ci sono le riunioni di servizio, condividere alle riunioni, mettere in pratica i Passi, essere sponsor, preparare prima e pulire dopo la riunione, abbonarsi e contribuire alle newsletter dell'Associazione, condurre le riunioni o anche ricoprire posizioni di tesoriere o segretario.

Il sostegno attraverso il servizio assicurerà, tanto quanto o più delle donazioni economiche, la nostra capacità di servire tutti i dipendenti da nicotina che cercano aiuto. Quindi, onorando questa Tradizione, manteniamo il nostro scopo primario e i fondamenti spirituali su cui si basa la nostra Associazione.

OTTAVA TRADIZIONE

Nicotina Anonimi dovrebbe rimanere per sempre non professionale, ma i nostri centri di servizio potranno assumere degli impiegati appositi.

Al fine di mantenere in primo piano i nostri principi spirituali, abbiamo bisogno di avere dei limiti ben definiti per ciò che riguarda il coinvolgimento a livello professionale. Il modo in cui i nostri membri prestano servizio all'interno dell'Associazione deve essere conforme con le linee guida delle nostre Tradizioni e dei nostri Passi. L'integrità dei Principi del nostro Programma non deve essere compromessa e diventare oggetto di dispute per questioni di profitti monetari.

Lo scopo principiale di uno dei nostri principi, l'autonomia, è quello di garantire la parità e l'uguaglianza tra tutti i membri di Nicotina Anonimi. Se nel portare il messaggio alcuni membri venissero identificati come "professionisti pagati di nicotina anonimi," ci sarebbe di base una disuguaglianza. Questa differenza potrebbe provocare disparità tra i membri; alcuni potrebbero sentirsi inadatti a portare il messaggio, altri a fare servizio, altri ancora addirittura a condividere la propria esperienza. Un membro con un interesse finanziario nel portare il messaggio di Nicotina Anonimi non rispetterebbe il principio spirituale di recupero, che afferma che dobbiamo liberamente dare ciò che ci è stato gratuitamente dato.

Il nostro preambolo afferma che non esiste alcun contributo o tasse da pagare per diventare membri di Nicotina Anonimi. La Terza Tradizione dice che l'unico requisito per essere membri di Nicotina Anonimi è il desiderio di smettere di fumare. I membri che chiedessero di essere pagati a livello professionale per fare il Dodicesimo Passo lederebbero tutti i nostri principi.

Tuttavia, la Settima Tradizione ci incoraggia ad essere autosufficienti. Affinché la nostra Associazione funzioni in modo efficace ed efficiente, ci sono situazioni pratiche e appropriate in cui i membri che comprendono il Programma possono essere pagati e hanno le loro spese coperte per i servizi resi. Questi membri sono considerati "impiegati speciali," Essi contribuiscono a completare compiti necessari per gestire o amministrare l'Associazione in modo da sostenere gli sforzi di tutti per aiutare i dipendenti dalla nicotina che ancora soffrono.

Ad esempio, potrebbe essere necessario pagare un professionista qualificato per gestire il fatturato di un gruppo, di un Intergruppo o dei Servizi Mondiali. I fondi dell'Associazione potrebbero pagare un membro il cui compito è quello evadere gli ordini della letteratura, fare pacchetti per la spedizione ai gruppi o ai singoli membri. Anche se i volontari offrono liberamente i loro talenti in molti settori, non si può sempre programmare di riuscire a portare il messaggio di recupero e contemporaneamente reggere l'onere completo di gestire la nostra Associazione in tutti i suoi aspetti.

Inoltre i professionisti che si occupano della salute pubblica possono organizzare riunioni e meeting Nicotina Anonimi nelle loro sedi per aiutare i propri pazienti o clienti. Un membro Nicotina Anonimi può aprire un centro di riabilitazione e recupero dalla nicotina come professione; fermo restando sempre che nessun compenso venga richiesto e ricevuto come lavoro di Dodicesimo Passo fatto da un membro di Nicotina Anonimi. Solo così nessuna Tradizione verrà violata. I terapisti che sono membri di Nicotina Anonimi possono trattare i propri pazienti e clienti per la dipendenza dalla nicotina, ma, quando sono in riunione, sono membri anonimi e non hanno status o autorità né più né meno di qualsiasi altro membro. Le riunioni non sono "un luogo dove fare affari (business)" e nessun professionista deve o può caldeggiare i propri pazienti o clienti. Nessun membro di Nicotina Anonimi può essere un "Nicotina Anonimo professionista".

Le riunioni anonime di Nicotina non sono professionali supportate come terapie di gruppo. Di conseguenza, non sosteniamo e non appoggiamo alcuna forma di terapia perché la Decima Tradizione ci incoraggia a non esprimere un parere sulle questioni esterne. Il nostro Programma è unico. E' costituito dai nostri Dodici Passi e dalle nostre Dodici Tradizioni: questi, aggiunti ai nostri cinque strumenti, è ciò che noi conosciamo e ciò che possiamo offrire.

NONA TRADIZIONE

Nicotina Anonimi come tale non dovrebbe essere mai organizzata, ma noi possiamo creare consigli di servizio direttamente responsabili verso coloro che essi servono.

Prima di tutto questa affermazione potrebbe sembrare un paradosso riguardo al nostro Programma. Noi non dobbiamo essere organizzati. Allora come mai abbiamo gli intergruppi, i Servizi Mondiali, consigli e comitati? Non sono questi esempi di organizzazione? Senza organizzazione non rischieremmo di avere l'anarchia?

Ebbene sì, noi dobbiamo avere 'anarchia'. Anarchia intesa come assenza di autorità e certamente noi non abbiamo autorità di nessun genere. In ogni caso, qualunque cosa noi facciamo, siamo solo dei servitori, figure e volontari che prestano un servizio nell'Associazione nel suo insieme. Sia che rispondiamo di proposito al telefono o ricopriamo una carica di responsabilità nel consiglio o siamo degli assistenti pagati, ogni servizio serve alle necessità dell'Associazione in generale e alle richieste di ogni singolo membro.

E' confortante non essere troppo strutturati. I responsabili dei gruppi o di Intergruppo o di comitato sono solo dei servitori, non dei dittatori e non possono e non devono imporre la loro volontà. Nessuno può dire ad un membro o al gruppo quello che deve fare. Proprio come suggeriscono i Passi, le nostre linee guida e le Tradizioni. Secondo l'esperienza di molti dei nostri membri più anziani, se non si lavora sui Passi, ci potrebbero essere estreme conseguenze, che spesso portano alla ricaduta. Lo stesso vale per le Tradizioni. Sovente, abbiamo visto, che, se non si rispettano le Tradizioni con rigore, il gruppo muore. Ed è così che sulla base delle nostre esperienze passate possiamo dare suggerimenti ai gruppi che possono trovarsi in difficoltà. Non ci sono giudizi o imposizioni legali riguardo alla nostra Associazione. Infatti solo i servitori e i responsabili possono fare e porre questioni ai membri o ai gruppi di Nicotina Anonimi.

Gruppi, Intergruppi e Servizi Mondiali hanno dei requisiti specifici per scegliere i propri servitori e responsabili. Ci deve sempre essere una semplice rotazione dei servitori o una formale elezione dei responsabili. I servitori vengono votati o scelti dai servitori uscenti che li hanno precedentemente ricercati. Il loro compito è di servire l'Associazione in linea con i principi del Programma e sostenere le Dodici Tradizioni di Nicotina Anonimi.

En passato non c'erano gli Intergruppi ma solo i gruppi o un ufficio dei Servizi Mondiali. Oggi questo servizio a livello di Intergruppo e di Servizi Mondiali è essenziale per tenere sempre aggiornata la lista dei gruppi, distribuire la letteratura, rispondere al telefono e alla corrispondenza e diffondere il messaggio di recupero ovunque sia possibile. I Servizi Mondiali si occupano di stampare la letteratura approvata dalla Conferenza Mondiale. Nel corso degli anni è stato essenziale questo servizio sia per l'Associazione nel suo insieme sia per il proprio recupero personale. Molti di noi non avrebbero trovato recupero senza letteratura.

Quando abbracciamo con umiltà i principi del servizio, dell'altruismo e dell'unità, non c'è più bisogno di controllare, di essere egoisti e egocentrici. Lo spirito di collaborazione e lo scopo primario, recuperarci dalla dipendenza della nicotina, sono tutto quello di cui Nicotina Anonimi ha bisogno come struttura di servizio, unità e recupero.

DECIMA TRADIZIONE

Nicotina Anonimi non ha opinioni su questioni esterne. Di conseguenza il nome di Nicotina Anonimi non dovrebbe essere coinvolto in pubbliche controversie.

La Decima Tradizione ci ricorda il nostro scopo primario che è quello di portare il messaggio a quelli che ancora sono dipendenti dalla nicotina e che ancora soffrono. Nicotina Anonimi non dovrebbe mai essere coinvolta in controversie esterne all'Associazione o controversie pubbliche.

Come dipendenti dalla nicotina in recupero sappiamo molto bene che l'uso della nicotina è nocivo e crediamo certamente che dovrebbe essere proibito, limitato o tenuto sotto controllo. Di conseguenza saremmo tentati di dire che ci dovrebbero essere azioni legali contro le aziende che producono tabacco o agire considerando illegali le aziende che fanno pubblicità promuovendo la nicotina, collaborare con gruppi che voglino la proibizione assoluta o sostenere politici che cercano di limitare dove fumare.

La Decima Tradizione ce lo proibisce solennemente. Come gruppo non abbiamo e non esprimiamo nessuna opinione per ciò che riguarda le compagnie che producono sigarette o per altri modi d'uso di nicotina. Ovviamente come persone possiamo esprimere la nostra opinione contraria. Ma come gruppo, e in modo particolare come Associazione Nicotina Anonimi non ci esponiamo e non prendiamo posizioni su controversie esterne. Fumare, masticare, masticare erano tutte azioni che una volta trovavamo piacevoli quando facevamo uso di nicotina. Ma nel momento in cui abbiamo deciso di smettere, abbiamo cominciato a crederci e siamo stati liberati da questa potente dipendenza ... ecco che il nostro scopo principale è diventato quello di aiutare coloro che ancora soffrono.

I membri che si definiscono Nicotina Anonimi, *O* portano il messaggio di Nicotina Anonimi, *O* sono rappresentanti esterni di Nicotina Anonimi non devono mai esprimere opinioni a livello pubblico, su questioni o controversie esterne in particolare a livello di politica, religione o su eventuali riforme riguardo alla nicotina. Nicotina Anonimi non appoggia nessuna causa o candidato. Noi non ci opponiamo né alla produzione, né alla vendita, né all'uso di nicotina. Come Associazione, non abbiamo opinioni su questioni riguardanti le sovvenzioni dei governi ai produttori di tabacco o a come, quando e dove il tabacco viene confezionato o utilizzato. Nonostante Nicotina Anonimi sia un Programma spirituale, noi non abbiamo opinione su religioni o istituti religiosi. Molti di noi provengono da ambiti religiosi o politici diversi. Insistere affinché un membro sostenga una particolare causa religiosa o politica non solo distruggerebbe la nostra Associazione, ma violerebbe la Prima Tradizione riguardo all'importanza primaria del nostro comune benessere, che dipende dall'unità dell'intera Associazione.

I fondatori di Alcolisti Anonimi hanno saggiamente provveduto a non prendersela con i fabbricanti di alcol, o di far parte di movimenti che vogliono bandire l'alcol. Avevano capito che un tale intervento sarebbe stato futile e avrebbe distrutto le fondamenta su cui si basa tutta l'Associazione. D'altro canto Nicotina Anonimi non deve perdere di vista il suo scopo primario, non può far chiudere le fabbriche che producono tabacco o promuovere o sostenere legislazioni che determinano dove le persone possono fumare, masticare tabacco.

Inoltre alcuni di noi sono riusciti a smettere di usare nicotina utilizzando trattamenti o farmaci. La decisone di utilizzare questi metodi è una scelta personale e non deve essere né suggerita né criticata. Fornire aiuto per imparare a vivere senza l'uso della nicotina è il nostro obbiettivo e non siamo qui per determinare i mezzi che un individuo sceglie per raggiungere questo scopo.

Potrebbe essere difficile rispettare questa Tradizione perché tutti abbiamo la nostra personale opinione al riguardo. Tuttavia quando agiamo in pubblico presentandoci come membri di Nicotina Anonimi è importante evitare dibattiti su tali controversie, rimaniamo invece concentrati con attenzione sul mantenere in salute e sobrietà la nostra fratellanza per essere d'aiuto al dipendente da nicotina che ancora soffre.

UNDICESIMA TRADIZIONE

La politica delle nostre relazioni pubbliche è basata sull'attrazione piuttosto che sulla propaganda; noi abbiamo bisogno di mantenere sempre l'anonimato personale a livello di stampa, radio e filmati.

Come dipendenti dalla nicotina la nostra vita era diventata incontrollabile. Facevamo un uso estremo della nicotina. Un "tiro" non era mai abbastanza; mille non bastavano. Per noi non c'era niente di male ad arrivare a certi estremi pur di mantenere e ottenere la nostra dose quotidiana di nicotina. Il nostro comportamento con la nicotina, sia che la inalassimo, sia che la masticassimo, non aveva nessun ritegno riguardo al fatto che il nostro fumo, gli sputi, i mozziconi inquinavano l'ambiente e i dintorni ovunque andassimo.

Come molti dei principi del nostro Programma di recupero, l'Undicesima Tradizione ci guida dentro confini appropriati nei quali dobbiamo rimanere quando "portiamo il messaggio" fuori dall'Associazione. L'integrità e la longevità della nostra Associazione dipende dal rispetto di questo principio collaudato nel tempo. Certamente noi vogliamo che le persone siano informate riguardo a ciò che offriamo. In ogni caso è essenziale che si rimanga concentrati sul Programma piuttosto che sulle persone che fanno parte dell'Associazione. Vogliamo che le persone siano *attratte* dal nostro Programma motivate dai principi, non da chi frequenta. L'anonimato non protegge gli individui, ma protegge il Programma dalle deficienze umane che tutti abbiamo.

L'anonimato non è una questione che ogni membro interpreta come crede per se stesso o se stessa. Se un membro dice: "A me non interessa che la gente sappia che faccio parte di Nicotina Anonimi, non ho niente da nascondere.," è una opinione che non tiene conto del fatto che questo è un "NOSTRO" Programma non è un "MIO" Programma di recupero. I principi spirituali di Nicotina Anonimi includono l'umiltà, essenziale per il nostro recupero. Immaginate un membro che si fa strada sotto i riflettori, gli altri possono diventare gelosi o entrare in competizione. Questo lederebbe l'unità. Inoltre, i membri di Nicotina Anonimi dovrebbero ricordare fortemente che, anche se noi non siamo affiliati ad Alcolisti Anonimi, (o altri programmi dei Dodici Passi), siamo parte di una comunità che condivide questo metodo di recupero e abbiamo bisogno di mostrare il nostro rispetto e gratitudine onorando la tradizione per amore di tutti.

I media sono saturi di pubblicità dove vengono utilizzate celebrità che acclamano personalmente i prodotti che pubblicizzano. Questo tipo di pubblicità può andare bene per certe aziende, ma è rischioso. Se uno di questi personaggi famosi "cade in disgrazia" o "dal piedistallo",esso diventa subito un obbiettivo per la stampa e la reputazione o il prodotto dell'azienda possono essere oscurati. Nicotina Anonimi è cosciente del fatto che la ricaduta è una realtà nei confronti della quale nessun membro è immune. Nicotina Anonimi riconosce la saggezza acquisita da Alcolisti Anonimi: una promozione fatta mettendo in evidenza una persona non è il modo migliore di portare il messaggio.

Molti dei nuovi arrivati hanno sentito parlare di noi con il passaparola, o da altri membri, o attraverso pieghevoli informativi distribuiti da gruppi locali che invitavano chiunque avesse il desiderio di smettere di usare nicotina, a partecipare ad una riunione. La pubblicità fatta in forme diverse è stato anche un modo importante per la dipendenza da nicotina, anche per coloro i quali ancora patiscono sentire parlare di Nicotina Anonimi. All'inizio mentre stavamo scrivendo la storia della nostra Associazione, un membro scrisse una storia a *Reader's Digest* riguardo al nostro Programma di recupero, suscitando una pubblica consapevolezza riguardo alla nostra esistenza. Inoltre, articoli della *Dear Abby* e *Anne Landers,* in riferimento alla nostra fratellanza, hanno attirato l'attenzione di molte persone. Questi articoli non sono stati una *promozione personale,* poiché focalizzavano l'attenzione sulla fratellanza.

Ci sono tanti modi appropriati per fare pubblica informazione. I Servizi Mondiali di Nicotina Anonimi hanno approvato opuscoli adeguati e che ci possono aiutare per fare Pubblica Informazione: Introduzione a Nicotina Anonimi—Al nuovo arrivato—La Sponsorizzazione in Nicotina Anonimi—Descrizione ai Medici e Operatori Sanitari. I Servizi Mondiali hanno anche dei CD per la Pubblica Informazione che possono essere utilizzati per i media, le radio ecc.... Altri modi per portare il messaggio sono i seguenti: pubblica informazione locale, annunci sui giornali, biglietti da visita, pubblica informazione nelle strutture sanitarie, la presentazione della letteratura di Nicotina Anonimi a festival della salute o offerta ad uffici o operatori sanitari e ospedali.

Ci sono opzioni appropriate che un membro dovrebbe usare per scrivere un libro o essere intervistato da un mezzo pubblico. Gli individui possono utilizzare i loro nomi completi a condizione che non dicano di essere membri di Nicotina Anonimi e si identificano solo come dipendenti dalla nicotina. Se questi individui si identificano come membri di Nicotina Anonimi, l'altra opzione sarebbe quella di nascondere il loro volto e utilizzare solo il nome di battesimo.

Molti dei nostri membri, soprattutto se all'inizio e hanno solo letto e non hanno ancora cominciato a lavorare i Passi, rifiutano di andare ad una riunione di pubblica informazione. Questo Programma non può essere "venduto," dobbiamo essere pronti. Il miglior modo per portare il messaggio è quello di condividere la nostra esperienza di forza, speranza e recupero alle riunioni. C'è bisogno di un impegno approfondito; spiegare chiaramente che cosa è Nicotina Anonimi, come viviamo il nostro risveglio spirituale e come mettiamo in pratica questi principi spirituali in tutti i campi della nostra vita. Se quello che i dipendenti da nicotina vedono e sentono li *attrae*, avranno il nostro caloroso benvenuto.

Per rispetto, noi non diciamo mai che loro hanno bisogno del *nostro programma* o cosa *dovrebbero fare*. Noi non garantiamo il successo a nessuno. Noi non facciamo pubblicità, noi facciamo attrazione.

Fede e umiltà sono principi spirituali e, per far sì che rimanga un programma spirituale, dobbiamo praticare la fede e l'umiltà nelle nostre relazioni pubbliche.

DODICESIMA TRADIZIONE

L'Anonimato è la base spirituale di tutte le nostre Tradizioni, che sempre ci ricorda di porre i principi al di sopra delle personalità.

L'anonimato è il fondamento di tutto il nostro Programma, il nome della nostra Associazione si basa su questo. L'attenzione che mettiamo sulla sostanza nicotina e l'impegno spirituale dell'anonimato sono gli elementi essenziali che fanno la differenza dagli altri programmi di recupero. Nel rispettare la Dodicesima Tradizione membri di Nicotina Anonimi trovano benefici spirituali che li aiutano a mantenere la propria comunione con l'Associazione e supporto nel processo di recupero.

L'anonimato ci mette tutti allo stesso piano. Questa parità stimola un senso di unità con il Potere Superiore al di sopra di ogni singolo individuo. Il nostro comune benessere dipende dallo spirito di sacrificio individuale in linea con quello che afferma la Prima Tradizione. Accettando con umiltà l'anonimato, i membri di Nic. A. sviluppano forza spirituale. L'Anonimato e l'umiltà sono compagni spirituali che si identificano reciprocamente.

Nella Preghiera del Terzo Passo chiediamo di essere liberati dalla schiavitù dell'ego e dai motivi egoistici. La nostra dipendenza ci ha costretti a diversi comportamenti egoistici. La nostra dipendenza ci ha sempre fatto credere che il nostro bisogno di nicotina era più importante di chiunque altro; anche dei nostri cari. Né il nostro recupero, né l'Associazione possono reggere alla disperata ricerca di sopravvivenza del nostro ego.

L'anonimato ci sprona più a servire che a governare, ci stimola a fare del bene in questo mondo e ad essere generosi. Evitando di fare pubblicità a noi stessi mettendoci in mostra, siamo meno inclini a concentrarci sulle opinioni esterne a noi stessi. I nostri propositi saranno di attrazione a seconda di come portiamo il messaggio di Nicotina Anonimi, affinché i nostri gruppi si sostengano a vicenda e i membri non agiscano individualmente in funzione dei propri interessi personali e egoistici.

Mettendo i principi al di sopra della propria personalità possiamo meglio accettare chiunque voglia smettere di usare nicotina e stare concentrati sul nostro scopo primario. I nuovi arrivati possono sentirsi ben accolti là dove la personalità non è la misura con cui si viene valutati. L'accettazione di noi stessi ci porta il beneficio di un risveglio spirituale.

Il principio della riservatezza è un vantaggio là dove l'anonimato è praticato. Questa azione aumenta le probabilità che i nuovi venuti comincino a frequentare con regolarità e cominciano a lasciarsi andare. La nicotina non ha mai dato dei vantaggi nemmeno a quelli noti, famosi, intelligenti, o altri "socialmente avvantaggiati," Tutti cominciamo con il Primo Passo. L'anonimato serve anche a garantire, a coloro che hanno una reputazione, l'opportunità di iniziare dal Primo Passo e vedere la loro privacy rispettata da tutti i membri. La riservatezza genera la fiducia. Dove c'è la fiducia, il coraggio di cambiare permette di ricevere supporto da parte di tutti i membri. La fiducia può approfondire la fede nella cura e guida di un Potere Superiore.

Tenendo bene presente la Dodicesima Tradizione, i membri sono più attenti al messaggio, piuttosto che al messaggero. Gli esseri umani possono ricadere, mentre i principi sopravvivono perennemente. L'umiltà ci permette di ascoltare la verità, mentre l'orgoglio ci porta a credere nelle nostre scuse e razionalizzazioni.

Consapevoli del fatto che gli esseri umani possono ricadere, ci rendiamo conto che la riservatezza non può essere garantita dai nuovi arrivati che non hanno ancora familiarità con questa Tradizione. Il format per la conduzione di una riunione dovrebbe chiaramente ricordare ai membri che la riservatezza è essenziale per la sopravvivenza della fratellanza. La fiducia è importante e tutti i membri devono essere trattati con cura.

Comunque, in ogni caso, dopo la solita prassi di presentarci solo con il nome di battesimo, non vuol dire che le persone non possono usare il cognome all'interno dell'Associazione, nell'attività di gruppo o di servizio in generale. Ci potrebbero essere casi in cui l'uso sia del nome sia del cognome facilitano le responsabilità decisionali e organizzative o semplicemente ricevere o inviare mail. Sono questi i vantaggi in cui l'anonimato è una pratica essenziale. Praticare l'anonimato e l'umiltà non vuol dire non fare festa. I gruppi possono celebrare l'astinenza di un membro o il suo compleanno con applausi o con la consegna di un gettone. Questa pratica non si fa con l'intenzione di elevare lo stato di un qualsiasi membro, ma solo per celebrare il recupero avvenuto per gli sforzi fatti onestamente e con la grazia di un Potere Superiore.

Sia il nostro recupero personale sia la continua crescita della nostra Associazione richiedono un umile anonimato al fine di mantenere il nostro cammino spirituale. La fiducia in noi stessi è sana quando è bilanciata dai principi che mettiamo in pratica e dalla gratitudine per la grazia che abbiamo ricevuto. Il nostro Programma ha inizio quando ci apriamo ad una Forza Superiore, come ogni membro può concepirLo, e mettiamo i principi al di sopra della nostra propria personalità anche a livello spirituale. In un mondo diverso, il principio dell'anonimato ci permette di camminare insieme verso la ricerca comune per raggiungere lo scopo primario della nostra Associazione.

Lightning Source UK Ltd.
Milton Keynes UK
UKHW021154141021
392202UK00004B/340